UN CAMINO DE IDA Y VUELTA

Lectura espiritual del libro de Tobías

Toni Cabrera Olmedo, CR

LAS PALABRAS Y LOS DÍAS

P P C

Diseño: Estudio SM

© 2025, Antonio Cabrera Olmedo
© 2025, PPC, Editorial y Distribuidora, SA
Impresores 2
Parque Empresarial Prado del Espino
28660 Boadilla del Monte (Madrid)
ppcedit@ppc-editorial.com
www.ppc-editorial.com

ISBN 978-84-288-4294-5
Depósito legal M 14156-2025
Impreso en la UE / *Printed in EU*

A Lucía, que está de viaje,
aunque ella todavía no lo sabe.
Y a Ángel, Aitana, Lucas y Álex,
viajeros también,
que han de saber elegir
al ángel que los acompañe.

El libro de Tobías encierra un secreto, uno que no será difícil desvelar porque no está del todo oculto: Dios acompaña, Dios cura, Dios provee. En sus páginas encontraremos drama y aflicción, fidelidad y empeño, reto y audacia, y un grandioso despliegue narrativo acerca de uno de los misterios de nuestra fe que tienen que ver con la cooperación del hombre en el plan de la salvación de Dios. Y todo ello guiados por unos personajes reales, tangibles y cercanos a los que iremos conociendo poco a poco y a los que poco a poco iremos convirtiendo en amigos en el Amigo.

Las páginas que siguen nacen de una lectura orante de este magnífico libro de la Sagrada Escritura y se presentan humildemente como propuestas de meditaciones para cualquier bautizado, pero de un modo especial para aquellos que después del bautizo han decidido abrazar los consejos evangélicos y seguir a Cristo pobre, casto y obediente.

Leeremos juntos el libro completo de Tobías y lo dividiremos en dieciséis segmentos. No se trata de un ejercicio técnico o analítico. Las divisiones, de hecho, no responden a un criterio de estructura del texto ni nada que se le parezca. Cada capítulo de este libro es una meditación que abarca una parte del texto y de la que se desea extraer alguna orientación para progresar en nuestra propia santidad. Y, evidentemente, ni está dicho todo ni se pretende. Se busca, eso sí, suscitar un modo de lectura de los textos bíblicos en los que el lector-orante se contraste con el texto, se busque a sí mismo en las experiencias de los protagonistas y le nazca en el corazón el anhelo de la Palabra que ilumina la propia vida. Si algo de todo eso se consigue al final de la lectura, entonces este ejercicio habrá sido todo un éxito.

1

EL PUNTO DE PARTIDA: ¿QUIÉN SOY ANTE LOS OJOS DEL SEÑOR?

El camino de la interioridad exige valentía y audacia, dos actitudes que van a ser no solo de gran ayuda, sino de obligado cumplimiento para alcanzar el fin que nos proponemos. Caminar hacia el interior exige un esfuerzo extra: en un tiempo en el que el día a día de la gente –incluso en las comunidades religiosas– se desarrolla fundamentalmente en la superficie, tener que abandonar el espacio público, la primera línea de la acción, es un auténtico ejercicio de valentía. Sobre todo, porque al partir, aunque se sabe que hay un regreso, no hay certeza de que al volver uno continúe siendo igual que el que partió.

La propuesta de reflexión que aquí se presenta es un viaje. Acompañaremos al joven Tobías y con él iremos descubriendo la acción de Dios en nuestras propias vidas, como fue guiando la suya por los caminos de su existencia. Y como él iremos experimentando que el joven que marcha no es el hombre que regresa... o al menos no del todo.

En esta meditación vamos a contemplar dos versículos del libro de Tobías, los que lo abren, los que inician la narración y nos sitúan ante la historia. Y a partir de estos dos versículos vamos a formularnos algunas preguntas que considero particularmente provechosas para nuestro viaje interior que se propone aquí como itinerario de conversión personal.

Escuchamos la Palabra:

> Historia de Tobit, hijo de Tobiel, hijo de Ananiel, hijo de Aduel, hijo de Gabael, de la familia de Asiel, de la tribu de Neftalí. En tiempos de Salmanasar, rey de Asiria, fue deportado desde Tisbé, que se halla al sur de Cadés de Neftalí, en la alta Galilea, por encima de Jasor, detrás del camino del oeste y al norte de Safed (1,1-2).

Posiblemente, estas pocas palabras nos resulten arduas y nos dejen algo indiferentes en cuanto a su valor espiritual en nuestra experiencia personal. Pero enseguida vamos a comprobar que hay mucho que contemplar, mucho que descubrir tras unos pocos datos aparentemente inofensivos. Por eso, vamos a aplicar tres claves a estos dos versículos que nos van a poner sobre la pista de algo auténticamente profundo.

La primera clave que vamos a aplicar será la «identidad»; la segunda y la tercera, que tienen mucho que ver con la primera, serán «coordenadas de tiempo y de espacio». La invitación, por tanto, consistirá, en primer lugar, en asomarnos a la experiencia vital y espiritual de los personajes del libro de Tobías, para llevar después a nuestras propias vidas lo mismo que vayamos descubriendo en ellos, y que la Palabra de Dios nos irá sugiriendo en la medida en que nos dejemos conducir por el impulso del Espíritu Santo que opera en nosotros. Comencemos por la primera clave.

Clave primera: la identidad

Es el punto de partida. Toda reflexión humana se encuentra en algún momento con esta gran pregunta y con la necesidad de responderla de forma satisfactoria: ¿quién soy? Aunque en verdad sería mucho más justo, y desde luego provoca menos ansiedad, preguntarse ¿quién *voy siendo?*

La filosofía de la que somos deudores en Europa, la de los pensadores griegos, ya desde los presocráticos, volvía su mirada hacia la pregunta por la identidad en un movimiento de introspección necesario para poder conocer después las otras realidades del mundo, de la vida, de la divinidad. En el frontispicio del oráculo de Delfos estaba escrito: *gnōskei sè autón*, «conócete a ti mismo». Desde el punto de vista de la filosofía era la manera en que la persona comenzaba a enfrentarse a todos los demás interrogantes, desde los científicos, en su búsqueda de las verdades del universo, hasta los más espirituales, propios de su interioridad.

Para una mirada desde la fe judeo-cristiana, este interrogante adquiere una dimensión nueva y distinta. El filósofo se busca a sí mismo desde sí mismo, es decir, su propia persona cierra el círculo. Sin embargo, nuestra fe nos abre a una realidad novedosa y liberadora, no en un círculo cerrado, sino en un camino abierto al don, a la gracia. En una homilía de abril de 2005, el papa Benedicto XVI afirmaba: «Nosotros no somos el producto casual y sin sentido de la evolución. Cada uno de nosotros es el fruto de un pensamiento de Dios. Cada uno es deseado, es amado, es necesario». Y así lo expresa el primer versículo del libro de Tobías que hemos leído. Recordémoslo: «Historia de Tobit, hijo de Tobiel, hijo de Ananiel, hijo de Aduel, hijo de Gabael, de la familia de Asiel, de la tribu de Neftalí».

El relato comienza con un nombre propio que el narrador desvela al lector: Tobit. En hebreo y arameo este nombre significa «mi bien». Hasta aquí poco que decir. Sin embargo, dos elementos de estas pocas palabras nos abren los ojos y el corazón a esa novedad de la que estamos hablando. En primer lugar, se trata de una genealogía. En la literatura bíblica, la genealogía tiene la función de acreditar a la persona, de ligarla con sus raíces, que siempre tienen como origen a Dios. Por tanto, no se trata solo de una tarjeta de presentación, sino de una fórmula para verificar que el individuo está ligado a Dios, que tiene que ver con él.

Una bonita experiencia que viví en el año que pasé en Israel fue descubrir cómo los judíos piadosos expresan su edad. Allí no dicen –me contaban unas madres– como nosotros: «Tengo tantos años». No. Para decir su edad, un judío dice: «Hace tantos años que soy hijo». Por tanto, al evocar una genealogía se está haciendo una afirmación: soy hijo, existo porque Otro lo ha decidido, lo ha querido. Estoy en el mundo porque Alguien me ha amado primero. Y ese es, como en el caso del libro de Tobías, nuestro punto de partida inicial: la gracia. Estoy en el mundo por gracia. Mi existencia es un don que Dios me ha hecho y con ella al resto de la creación. No estoy en el mundo por azar ni por casualidad. El primer dato de mi identidad se desvela en la conciencia de ser fruto de la Providencia de Dios.

Este primer ejercicio al inicio de nuestra lectura nos exige una gran dosis de humildad y agradecimiento. Humildad y agradecimiento son respuesta, porque antes Alguien me ha engendrado en el amor, me ha constituido en criatura y, más aún, me ha elegido para llevarme a la plenitud por la donación de su Santo Espíritu cuando fui bautizado. Ese es el cabo del hilo para estirar y desentrañar la maraña de mi identidad.

Pero aún hay más. En esas pocas palabras del comienzo del libro de Tobías hemos escuchado una retahíla de nombres que posiblemente nos suenen bien poco. Ahora bien, todos ellos tienen un común denominador. Escuchémoslos de nuevo para apreciarlo: «Historia de Tobit, hijo de Tobiel, hijo de Ananiel, hijo de Aduel, hijo de Gabael, de la familia de Asiel, de la tribu de Neftalí».

Cinco nombres poco populares, pero todos ellos terminados en -el. De nuestro manejo más cotidiano son los nombres de Gabriel, Miguel, Rafael, Israel, Raquel, Isabel... Todos ellos, también, acabados en -el. Su común denominador es precisamente este: que contienen el nombre de Dios. El sufijo -el designa en hebreo la divinidad. Y en eso coincide con la fe musulmana, que llama a Dios Alá, y que fonéticamente coincide con este modo hebreo de designar a Dios, -el. Llama la atención, entonces, que la línea genealógica de Tobit esté tan emparentada con Dios que todos sus antepasados lleven a Dios incluso en sus nombres. Y, desde luego, para la conciencia bíblica, el hecho de que sean cinco los nombres tampoco es un dato inofensivo, pues cinco son los libros de la Ley, la instrucción perfecta que Dios ha ofrecido al pueblo y que todo creyente modélico debe escuchar y seguir. En efecto, en la conciencia de este hombre, su historia no es ajena a la historia de la salvación. Dios ha formado parte del itinerario familiar y él solamente recoge el testigo de una rica y provechosa tradición que ahora debe custodiar y acrecentar.

Para nosotros, que comenzamos este viaje deteniéndonos ante la pregunta acerca de nuestra identidad, este rasgo de Tobit nos va a ayudar a tomar conciencia de esa misma realidad lineal en la que Dios nos ha insertado por pura gracia. Si la primera afirmación ha sido que no somos fruto del azar, sino de la Providencia, y que Dios nos ha puesto en el mundo porque nos ha amado, la segunda afirmación importante tendrá que ver con nuestra historia y con el papel que desempeñamos en ella, conforme al plan de Dios.

Creo que, cuando uno se pone con humildad delante del Señor y mira con valentía y audacia el plan que Dios le está proponiendo en lo cotidiano, resulta muy alentador y liberador saber que la historia de la salvación no se inicia con uno mismo: esto no empezó el día que nací yo. Lo voy a repetir: la historia de la salvación no se inicia conmigo. Ni termina conmigo. Por eso considero fundamental contemplar este rasgo de la identidad de un bautizado: formo parte de algo mayor que yo. Soy parte y no soy el todo. Pero estoy porque Dios lo ha querido así.

En la vida de los santos hay muchos episodios que nos ayudan a adentrarnos en la dinámica de la humildad en este sentido que ahora proponemos. Entre ellos tengo una especial simpatía por san Juan XXIII. De entre las muchísimas anécdotas que se le atribuyen se cuenta que en una ocasión un oficial de la gendarmería, al pasar delante de él –el Santo Padre–, se cuadró con su vistoso traje haciendo el saludo propio de su oficio. El «papa bueno» se paró con naturalidad y le preguntó: «Y usted, ¿quién es?». El oficial respondió: «Soy el capitán de la Gendarmería». Con su habitual jovialidad y sentido del humor, el papa respondió: «Pues yo solo llegué a sargento Roncalli en la Primera Guerra Mundial».

Desde aquí podemos dar el siguiente paso que nos ofrecen estos dos versículos del comienzo del libro de Tobías.

Claves segunda y tercera: coordenadas de tiempo y espacio

En tiempos de Salmanasar, rey de Asiria, fue deportado desde Tisbé, que se halla al sur de Cadés de Neftalí, en la alta Galilea, por encima de Jasor, detrás del camino del oeste y al norte de Safed (1,2).

La visión del tiempo en el relato bíblico es siempre lineal. Y nuestro tiempo es siempre lineal. Tobit presenta su tiempo y los acontecimientos que lo enmarcan y no escatima la dureza y el realismo de su momento histórico. La Palabra de Dios es muy realista. El narrador de *Tobías* nombra a un gobernante extranjero, impío, malvado. Hace un retrato de su entorno muy somero, pero suficientemente descriptivo: vive en medio de una gran hostilidad. Las circunstancias sociales, políticas, ambientales de su tiempo y de su tierra no son nada favorables. Más bien al contrario, todo parece obligar al confinamiento, a vivir con miedo, a renunciar a sus principios y tradiciones. Y precisamente por eso nos va a interesar contemplar en este momento a Tobit y su circunstancia. Cuando vamos dando pasos en el camino de la interioridad para desvelar la pregunta acerca de la propia identidad, nos encontramos con que nuestro tiempo, nuestras relaciones, nuestro entorno, han tenido mucho que ver en la persona que vamos siendo. Sin embargo, Tobit desvela algo muy profundo: Dios me ha hecho libre y el ejercicio de mi libertad es algo sagrado. Las circunstancias que me rodean están ahí, claro que sí, y la mayor parte de las veces nada hay que pueda hacer para cambiarlas. Pero siempre hay algo que sí puedo hacer: ser fiel a la vocación a la santidad a la que Dios me ha llamado, de modo que el ansiado cambio se opere, antes que nada, en mí mismo.

Tobit vive en un tiempo y en un lugar que no ha decidido. Y le es hostil porque alguien externo a él y muy alejado del plan de Dios le hace la guerra constantemente. Nosotros también podemos vivir esta experiencia de muchos modos, es decir, que percibamos que el tiempo que nos ha tocado no es el ideal; que recordemos años pasados en que las cosas nos iban mejor; que añoremos compañías o incluso estados físicos en los que éramos más fuertes, más ágiles. Pero el tiempo también es un don, un regalo del Señor, y lo es porque con la mirada de la fe toda circunstancia es una oportunidad para caminar en santidad.

Y aquí hay que contemplar un detalle muy sutil, pero muy revelador. Dice el narrador que, en ese tiempo, en el de Salmanasar, Tobit fue *deportado*. En el versículo siguiente –que contemplaremos más

adelante–, Tobit aclara que fueron llevados a Nínive, la capital del Imperio asirio.

¿Qué nos está revelando esta información?
¿Cómo nos aprovecha a nosotros algo que sucedió
hace más de dos mil setecientos años? Cualquier judío piadoso que escuchase hablar de la deportación
a Nínive sabría cuál había sido la causa de este desastre. Los profetas lo denunciaron constantemente:

> Gente de distintos pueblos pasará cerca de esta
> ciudad y se preguntarán unos a otros: «¿Por qué ha
> tratado así el Señor a esta ciudad tan importante?». Y
> algunos les responderán: «Porque abandonaron la
> alianza que habían hecho con el Señor, su Dios, y se
> dedicaron a adorar y a dar culto a otros dioses» (Jr
> 22,8-9).

El pecado, por tanto, es el causante de cualquier
situación desastrosa que acontece al hombre. En la
conciencia del hombre de fe, los males no provie-
nen del Señor. La fragilidad humana tiene su raíz
en el pecado y es la fuente de todo dolor. Los profetas lo sabían y lo denunciaban. Y en su denuncia
iba implícito un canto a la responsabilidad personal: no le eches la culpa a Dios de lo que te acaece,
pues Dios no te envía pruebas, ni males, ni obstáculos. Dios no juega a poner a prueba a sus hijos.

Damos un último paso. Si la primera pregunta de
nuestras meditaciones ha sido ¿quién soy ante los
ojos del Señor?, creo que ya tenemos más que sufi-

ciente para comenzar. Sobre todo, en este momento en el que nos descubrimos también como pecadores, comprendiendo que no es lo mismo «cometer un pecado» que «ser un pecador», porque lo primero no siempre acontece, es decir, no estamos constantemente obrando el mal a los ojos del Señor y, sin embargo, no por eso desaparece nuestra condición de pecadores. Pero, ojo, que nuestra condición de pecado no tiene la última palabra acerca de nuestro ser más hondo, pues, ante los ojos del Señor, el pecado no se impone: lo que de verdad se impondrá será su gracia.

> Así como por la desobediencia de un solo hombre todos fueron constituidos pecadores, así también por la obediencia de uno solo todos serán constituidos justos. Ahora bien, la Ley ha intervenido para que abundara el delito; pero donde abundó el pecado sobreabundó la gracia, para que lo mismo que reinó el pecado a través de la muerte, así también reinara la gracia por la justicia para la vida eterna por Jesucristo, nuestro Señor (Rom 5,19-21).

La respuesta a la pregunta por mi identidad no puede ser, por tanto, la misma con Cristo que sin él. Así que para empezar vamos a partir de ahí. Yo ya no soy yo ni mi historia es solamente historia de pecado, porque Dios ha irrumpido poderosamente en mi vida y en mi historia para transformarla. Y esta certeza debe estar muy presente a la hora de presentarme ante mí mismo, ante el mundo y humildemente ante Dios. Como Tobit, que al inicio del libro se presenta al mismo tiempo consciente de la presencia de Dios en su historia y en toda su vida y de la presencia del pecado, que será tanto personal como comunitario. Sin embargo, Tobit sabe que le circunda una gracia especial, una presencia poderosa que le mueve a obrar bien, como enseguida veremos, porque, aunque el pecado es fuerte, lo que de verdad tiene poder en la historia es la gracia de Dios.

Acabamos con un sumario: al inicio del libro de Tobías, un narrador nos habla de uno de los personajes; nosotros nos sentimos interpelados acerca de nuestra propia identidad y deseamos ir desvelándola a la luz del Espíritu Santo, que nos alumbra, sabedores de que la respuesta no es fácil. Forma parte de nuestro ser la historia que vamos recorriendo, las personas con las que hemos compartido camino y los errores y pecados en los que hemos caído. Pero todo eso se vuelve anecdótico ante lo verdaderamente importante y determinante: Dios me ha amado primero, me ha puesto en el mundo por amor y para el amor. Y desde esa fe es desde donde mejor puedo decirme a mí mismo quién soy. Así vamos a comenzar este tiempo de lectura de la Palabra, de oración y de meditación.

2

EN TIERRA EXTRANJERA Y HOSTIL EL EMPEÑO POR LA SANTIDAD

Desde el instante mismo de nuestra concepción hemos sido llamados a la santidad. No se trata, entonces, de algo secundario, es decir, no es un añadido a la naturaleza humana el anhelo de perfeccionarnos hasta la excelencia en el cuerpo, en el alma y en el espíritu. Forma parte de nuestra esencia y está en la raíz de nuestro propio ser por una razón muy sencilla: hemos sido creados por Dios, y en Dios no hay nada que no sea santo, todo lo que ha emanado de su acción creadora es fruto de su amor inconmensurable, y por eso es precisamente santo, porque en su origen estaba la santidad y porque a lo que tiende es también a la santidad. Más aún en el caso de la criatura humana, que ha sido creada, concebida y amada a Su imagen y semejanza.

Ahora bien, como nos recuerda el apóstol san Pablo en la carta a los Romanos, citando el Salmo 14: «Todos se extraviaron, a una se han pervertido; no hay nadie que haga el bien; no hay ni siquiera uno» (Rom 3,12). Y todavía continúa: «Ya que todos pecaron y están privados de la gloria de Dios» (3,22).

Para el relato de *Tobías* que estamos contemplando, esa es la razón por la que el narrador de la historia se encuentra deportado en Nínive con sus compatriotas, a causa del pecado, pero mucho más importante va a ser para él la certeza de que ha sido creado para la santidad.

Lo que vamos a contemplar en esta segunda meditación son estos dos aspectos: el pecado y la santidad, el alcance de cada uno en la vida de la persona, la libertad que emana de lo íntimo de cada uno por voluntad de Dios y la fuerza que el Espíritu insufla en sus hijos a la hora de llevar a cabo su plan de salvación de manera concreta. Por eso, fijándonos en la figura de Tobit, lo primero que vemos en él es a un hombre alejado de su patria, en una tierra extranjera y hostil, y, sin embargo, fiel a una forma de vida que ha recibido de parte de Dios y a la que quiere servir incluso a riesgo de exponer su vida.

El relato:

> Yo, Tobit, he practicado la verdad y la justicia toda mi vida; he dado muchas limosnas a mis parientes y compatriotas que vinieron cautivos conmigo a Nínive, la tierra de los asirios. Siendo yo muy joven, cuando vivía aún en mi país, Israel, toda la tribu de mi antepasado Neftalí se separó de la dinastía de David, mi padre, y de Jerusalén, la ciudad elegida entre todas las tribus de Israel como único lugar para ofrecer sus sacrificios. Allí había sido edificado y consagrado el templo, morada de Dios por todas las generaciones. Pero todos mis parientes –toda la casa de mi antepasado Neftalí– ofrecían sacrificios al becerro que Jeroboán, rey de Israel, había mandado colocar en Dan,

en la montaña de Galilea. A menudo era yo el único que iba a Jerusalén para celebrar las fiestas, tal como está prescrito para todo Israel como ley perpetua. Me faltaba tiempo para ir a Jerusalén con las primicias de los frutos y de los animales, con los diezmos del ganado y la primera lana de las ovejas. Se lo entregaba a los sacerdotes, hijos de Aarón, para el altar. A los levitas que oficiaban en Jerusalén les entregaba el diezmo del vino, del trigo, del aceite, de las granadas, de los higos y demás frutos. El segundo diezmo, de los seis años, lo cambiaba en dinero y lo gastaba en Jerusalén cada año. El tercer diezmo lo daba, cada tres años, a viudas, a huérfanos y a prosélitos incorporados a los hijos de Israel. Celebrábamos una comida según lo prescrito en la ley de Moisés y según las recomendaciones de Débora, madre de mi abuelo Ananiel. Mi padre murió, y quedé huérfano. Cuando me hice un hombre, me casé con Ana, una mujer de nuestra familia. De ella tuve un hijo, al que puse por nombre Tobías. Después fui deportado a Asiria y fijé mi residencia en Nínive. Todos los de mi familia y mi raza comían los mismos alimentos que los paganos. Pero yo me guardaba cuidadosamente de hacerlo. Y puesto que me había acordado de Dios con toda mi alma, el Altísimo hizo que Salmanasar me concediera gracia y favor y me nombrara proveedor suyo. Mientras él vivió me desplazaba a Media para cumplir allí sus encargos. En Ragués de Media, en casa de Gabael, hijo de mi hermano Gabrí, deposité unos sacos con unos trescientos cincuenta kilos de plata. Pero, cuando murió Salmanasar y le sucedió en el trono su hijo Senaquerib, se cerraron los caminos de Media y no pude volver allí. En tiempos de Salmanasar di muchas limosnas a mis hermanos de raza: procuraba pan al hambriento y ropa al desnudo. Si veía el cadáver de uno de mi raza abandonado fuera de las murallas de Nínive, lo enterraba. Enterré también a los que mandó matar Senaquerib cuando vino huyendo de Judea –el Rey del cielo lo castigó por todas sus blasfemias, y él, en venganza, dio muerte a muchos hijos de Israel–. Yo sustraje sus cuerpos y les di sepultura. Senaquerib los buscó en vano. Un ninivita informó al rey de que era yo quien los había enterrado. Entonces me escondí. Pero, tras verificar que el rey sabía de mí y que me buscaban para matarme, tuve miedo y escapé. Todos mis bienes, confiscados, pasaron al tesoro real. Quedé sin nada, salvo Ana, mi mujer, y mi hijo Tobías. Sin embargo, menos de cuarenta días más tarde, Senaquerib fue asesinado por dos de sus hijos, los cuales huyeron a los montes de Ararat. Le sucedió en el trono su hijo Asaradón, que puso a Ajicar, hijo de mi hermano Anael, al frente de las finanzas de su reino con facultades sobre toda la administración. Gracias a la intercesión de Ajicar pude volver a Nínive. Ajicar, que había sido copero mayor, custodio del sello real, contable y tesorero durante el reinado de Senaquerib, fue confirmado en sus cargos por Asaradón. Ajicar era de mi familia, sobrino mío (1,3-22).

Después de acercarnos a Tobit puede que quedemos algo abrumados por su persona, ya que en la descripción que hace de su conducta, tanto en su tierra como después en el destierro, resulta un hombre intachable, estrictamente observante de la ley del Señor y fiel a todos sus preceptos, especialmente en lo que tiene que ver con las obras de misericordia.

«Yo, Tobit, he practicado la verdad y la justicia toda mi vida», comienza afirmando de sí mismo. Y es una confesión fortísima y muy comprometida. ¿Quién puede decir lo mismo? Y aún continúa con su relato desglosando cómo ha puesto en acto la verdad y la justicia, así como la comprendía el judaísmo de su tiempo: limosna, fidelidad a Jerusalén y no caer en la idolatría en otros santuarios, diezmos rituales y ofrendas para huérfanos, viudas y prosélitos, celebración pascual conforme a los preceptos antiguos, matrimonio legal con una mujer de su estirpe, se guardaba de comer alimentos impuros, ayudó a sus hermanos deportados en Nínive y enterró a los muertos incluso contra el mandato del rey Senaquerib, poniendo en juego su propia integridad y su seguridad personal. Nuevamente, si queremos encontrar en el texto algunas claves hermosamente ocultas, descubrimos un elenco de diez acciones que apuntan a la santidad: diez, como diez son las palabras que Dios regaló a su pueblo en el Sinaí para alcanzar santidad.

El caso es que Tobit se presenta como un hombre sumamente íntegro, y eso nos lo desvela como un auténtico modelo de fe y de integridad. Entre el grupo de Salmos que la Liturgia de las Horas nos ofrece como Salmo invitatorio al iniciar el rezo matutino, se encuentra el Salmo 23. En él proclamamos:

> ¿Quién puede subir al monte del Señor?
> ¿Quién puede estar en el recinto sacro?
> El hombre de manos inocentes y puro corazón, que no confía en los ídolos
> ni jura con engaño. Ese recibirá la bendición del Señor,
> le hará justicia el Dios de salvación.

Tobit se presenta como uno que puede responder sin sonrojarse a la misma pregunta: «¿Quién puede subir al monte del Señor?». Por eso, al fijarnos en él en este momento, vamos a seguir su *camino*. Vamos a hacer memoria de los pasos que hemos ido dando en nuestro propio itinerario de fe y de seguimiento del Señor; vamos a poner nombre a las actitudes que han ido jalonando los episodios más importantes de nuestra vida y, con humildad, vamos a presentarlas delante del Señor, a riesgo de que algunos de ellos nos sonrojen, pero sabedores de que los ojos de Dios miran siempre con misericordia. Vamos a agrupar lo que Tobit expone de sí mismo en siete acciones que conforman su vida delante del Señor, y esas van a ser las siete paradas que haremos también nosotros en esta meditación, y que nos servirán, de algún modo, de evaluación espiritual y existencial.

Primera parada: la verdad y la justicia

> Dichoso el que, con vida intachable,
> camina en la Ley del Señor;
> dichoso el que, guardando sus preceptos,
> lo busca de todo corazón;
> el que, sin cometer iniquidad,
> anda por sus senderos.
> Tú promulgas tus mandatos
> para que se observen exactamente.
> Ojalá esté firme mi camino, para cumplir
> tus decretos;
> entonces no sentiré vergüenza al mirar todos tus
> mandatos (Sal 118,1-6).

Caminar en la Ley del Señor, en la búsqueda constante de la verdad y la justicia, podría ser una forma de expresar de modo condensado el anhelo de la santidad. En la experiencia de Tobit, así se formula su modo de proceder, y para nosotros este va a ser el primero de los aspectos que vamos a evaluar. Y para ello deberemos hacer un ejercicio consciente y decidido por la humildad y el reconocimiento de que la verdad y la justicia no nos pertenecen. «En Cristo, la caridad en la verdad se convierte en el rostro de su Persona, en una vocación a amar a nuestros hermanos en la verdad de su proyecto. En efecto, él mismo es la Verdad (cf. Jn 14,6)» *(Caritas in veritate* 1).

El papa Benedicto XVI reflexiona acerca de la verdad y su relación con la caridad en una carta magnífica, *Caritas in veritate*. El Santo Padre escribe precisamente acerca de la verdad como don de parte de Dios y, por ello, de su vínculo indisoluble con el amor de Dios que ha de hacerse presente al mundo a través de los hombres. De ahí que, al evaluar nuestra opción fundamental por la verdad, los cristianos no podamos comprenderla simplemente como la formulación estricta de la realidad de modo analítico, es decir, no es verdad solo lo que nos parece que es verdad, sino aquello que apunta a la realización del amor de Dios en el mundo.

Para vivir con autenticidad el don de la verdad y la fidelidad a su servicio insisto en la necesidad de acogerla desde la humildad, pero, además, la verdad viene ligada a la justicia. Es preciso contemplar este binomio como las nupcias de dos conceptos que se retroalimentan el uno al otro en un vínculo indisoluble. La verdad engendra justicia, y la justicia desvela la verdad. No se trata de una justicia humana, distributiva, en la que a cada uno se le da según lo que ofrece. Es la justicia de Dios, que ilumina y que «hace salir su sol sobre malos y buenos, y manda la lluvia a justos e injustos» (Mt 5,45), porque se identifica con su misericordia. Una verdad así, revelada y no conquistada, vinculada con la justicia de Dios, busca reconducir al hombre por el camino de la santidad y no condenarlo ni confundirlo, como pretenderá en todo momento el tentador.

Segunda parada: limosna

Dejó escrito san Juan Crisóstomo para edificación de sus fieles: «No hacer participar a los pobres de los propios bienes es robarles y quitarles la vida. Lo que poseemos no son bienes nuestros, sino suyos». Se trata de un principio fundamental que configura la vida humana de una forma distinta a como el mundo la concibe.

Ser cristiano y querer seguir al Señor fielmente implica no solo tener una serie de comportamientos que le imiten, sino, más aún, supone ir moldeando el propio corazón a imagen del corazón de Cristo. Y en este punto la limosna se nos presenta como uno de los rasgos que mejor nos ayudan a comprender el misterio de Cristo. ¿Por qué? Porque la limosna no es un ejercicio piadoso externo para el cumplimiento de un precepto, sino una forma de comprenderse uno a sí mismo desde la óptica del don, de la gracia, y, por lo tanto, desde el abajamiento a imitación de Cristo humilde y entregado. Más aún para quienes hemos abrazado los consejos evangélicos, entre los que destella como luz el don de la pobreza por el que hemos hecho voto a Dios.

El pueblo de Israel experimenta desde su mismo origen que todo le ha sido dado por Dios. ¡Qué hermosamente lo expresan los profetas!

Os recogeré de entre las naciones, os reuniré de todos los países y os llevaré a vuestra tierra. Derra-

maré sobre vosotros un agua pura que os purificará:
de todas vuestras inmundicias e idolatrías os he de
purificar; y os daré un corazón nuevo, y os infundiré
un espíritu nuevo; arrancaré de vuestra carne el corazón de piedra y os daré un corazón de carne. Os infundiré mi espíritu y haré que caminéis según mis
preceptos y que guardéis y cumpláis mis mandatos.
Y habitaréis en la tierra que di a vuestros padres (Ez
36,24-28).

Dios lo ha creado todo por amor, y por amor le ha
entregado todo al hombre. Y cuando este se ha desviado por el pecado, Dios le ha salido al encuentro
para devolverlo al camino de la santidad y lo ha llevado a la tierra prometida, que es la tierra que él ha
dado a su pueblo. Nadie es poseedor de la tierra. La
tierra pertenece al Señor, y todo cuanto disfrutamos
en la vida es don de su gracia. Aquellos que se enso-
berbecen pensando que se han ganado lo que tienen, aquellos que se felicitan a sí mismos porque
sus esfuerzos les han merecido los dones de los
que gozan, esos no han comprendido realmente lo
que significa la gracia. Tampoco lo que implica la
consagración total a Dios en la Iglesia desde la pobreza y desde el ministerio ordenado. Uno deja de
poseerse para ser posesión del Señor.

Cuando Tobit se presenta, habla con sencillez de
la limosna. Más adelante explicará a su hijo cómo
hacer limosna y lo que significa. Ahora nosotros nos
situamos en esas mismas coordenadas, las de la gra-

cia y la gratitud. Y nos preguntamos: ¿qué uso hago de los bienes materiales? ¿Soy exigente con los recursos con los que cuento? ¿Tengo algo tan mío que soy incapaz de desprenderme de ello? ¿Comprendo que al abrazar la pobreza estoy optando radicalmente por la libertad que el Señor me regala?

Tercera parada: fidelidad a Jerusalén

Cuando Tobit habla de su fidelidad a Jerusalén, enseguida explica que sus compatriotas, aquellos que dejó en la tierra de Neftalí, habían caído en la idolatría. Incluso los gobernantes de su nación, que deberían ser ejemplo y modelo para el resto del pueblo judío, habían adorado dioses extranjeros o se habían construido ídolos. Tobit no. Su fidelidad a Jerusalén era su fidelidad al amor primero recibido del Señor y crecido en lo profundo de su corazón desde su juventud.

En nuestra historia particular contamos con episodios de todo tipo, también con episodios de «infidelidad ambiental». Eso significa que en ocasiones podemos encontrarnos envueltos en dinámicas que poco a poco, sutilmente, se van alejando de la exigencia primera de santidad recibida en nuestros propios carismas. Podemos ser testigos incluso de que algunas personas que han sido puestas para conducir a la comunidad equivocan el camino, como sucedía en Israel en el tiempo de Tobit. Entonces es muy importante volver la mirada atrás, no con nostalgia ni con apegos a los tiempos pasados, no como quien carga con un lastre del pasado, sino con la memoria agradecida por el don recibido de parte de Dios desde el bautismo: somos depositarios de un don que debemos acrecentar, cuidar y multiplicar. Cultivar la memoria agradecida es hacer actual esa gracia cada día.

Por otra parte, a menudo nos sobreviene la tentación de pensarse uno a sí mismo exento de ese tipo de corrupciones o debilidades. Y ciertamente lo estará si persevera en la fidelidad al Señor, pero eso no lo acredita para el juicio. En otras palabras, la que hemos llamado «fidelidad ambiental» no se combate con la crítica ni con el juicio condenatorio, sino solamente con el testimonio. Es lo que hace nuestro personaje. Cuando todos los demás se han desviado, él persevera; cuando sus conciudadanos, sus hermanos de comunidad, han dado la espalda al plan de Dios, él permanece fiel; cuando nadie parece comprenderlo y ni siquiera se ve capaz de reorientar a los suyos en la verdad, no alberga en su corazón sentimientos de despecho ni de desprecio: no juzga. Menos aún condena. Simplemente da testimonio del camino recto conforme a la Ley de Dios.

Por eso es bueno preguntarnos de vez en cuando: ¿vivo fiel a mi carisma? ¿Cómo influyen las decisiones y comportamientos de los otros en mi fe y en mi modo de vida? ¿Justifico mi tibieza por las infidelidades ambientales que observo a mi alrededor? Al iniciar mi oración cotidiana y ofrecer las obras del día, ¿comprendo los retos a los que me enfrento y las tentaciones a las que me veré sometido?

Cuarta parada: diezmos y ofrendas a huérfanos, viudas y prosélitos

Si la limosna constituye nuestra esencia humana porque nos reconocemos como creaturas y sabemos que hemos recibido un don de parte de Dios, el pago de los diezmos expresa –en la mentalidad de Tobit– la fidelidad a la Ley de Dios. Pero esto tiene una connotación muy hermosa que también hemos de contemplar: nuestro trabajo cotidiano, que realizamos porque Dios nos ha hecho capaces y nos da la fuerza necesaria, merece su salario, y con lo que honramos a Dios es con una parte de ese beneficio.

No explotarás a tu prójimo ni le robarás. No dormirá contigo hasta la mañana siguiente el jornal del obrero (Lv 19,13).

No explotarás al jornalero, pobre y necesitado, sea hermano tuyo o emigrante que vive en tu tierra, en tu ciudad; cada jornada le darás su jornal, antes que el sol se ponga, porque pasa necesidad y está pendiente del salario. Así no gritará contra ti al Señor y no incurrirás en pecado (Dt 24,14).

¡Ay del que edifica sus palacios sobre injusticia, construye sus salones violando el derecho! Obliga a trabajar gratis a sus hombres, los priva del jornal que se han ganado (Jr 22,13).

Como «asalariados», hemos de vivir con dos actitudes fundamentales: la primera ya la hemos expresado, y es la de la gratitud. En este sentido, se añade en este momento de la reflexión una visión «providencialista» de la propia historia: el Señor me ha bendecido. Los depositarios de una parte generosa de mi trabajo son los más desfavorecidos, no yo mismo. Yo no trabajo para mí, como el Señor no ha creado el mundo para él ni Cristo ha muerto para sí mismo, sino para la salvación de todos. En este sentido, Tobit señala a los huérfanos y a las viudas como aquellos a quienes va destinado su diezmo. La muerte les ha arrebatado algo más que un afecto especial: les ha cercenado su *modus vivendi,* es decir, su acceso a la dignidad. Él, sin embargo, Tobit, se siente agraciado por Dios. Por eso no puede sino devolver algo de lo recibido.

La segunda, no menos importante, es la de la responsabilidad personal sobre nosotros mismos, o, dicho de otro modo, sabernos cuidar con equilibrio y justicia. Al tomar conciencia de cómo la Providencia de Dios ha puesto en mí sus ojos, de cómo el Señor me ha elegido para este ministerio santo y sagrado, me doy cuenta de que para el Padre eterno soy alguien querido, y este amor me refuerza, me consuela, me anima y me proyecta, pero también me fortalece y me empodera ante mí mismo. Por eso, en este punto, nos preguntamos: ¿me exijo a mí mismo más de lo que realmente puedo dar? ¿Soy consciente de mis limitaciones y las acepto y las amo? ¿Me cuido en nombre del Señor?

Quinta parada: celebración pascual

Tobit no deja de ofrecer el culto a Dios, así como el mismo Dios lo ha instituido. En esto también es ejemplo y modelo de santidad, y por eso supone una fuerte llamada de atención para nosotros hoy.

Incluso en medio de un ambiente en el que el culto se ha convertido en algo trasnochado y criticado, Tobit se mantiene fiel. No porque quiera conservar de forma fundamentalista unos ritos antiguos o unos cultos heredados, sino porque es ahí donde acude a recibir la fuerza de lo alto y donde puede desvelar el sentido profundo de su vivir y su existir.

Es tentador pensar que las tareas que se nos han encomendado son prioritarias y que no debemos interrumpirlas por nada, ni siquiera por los tiempos de oración o celebración. Sin embargo, nada más incierto y pernicioso para la vida de la fe que relegar la celebración por debajo de la acción. Escribía santa Teresa de Calcuta en uno de sus libros de testimonios:

Tenemos mucho trabajo. Nuestros hospitales y nuestras casas de moribundos están llenas en todas partes. Cuando comenzamos a tener la adoración diaria, nuestro amor a Cristo se volvió más íntimo; nuestro amor mutuo, más comprensivo; nuestro amor a los pobres, más misericordioso, y el número de las vocaciones se ha duplicado.

Siempre es tentador vivir la consagración o la cotidianidad volcándose al cien por cien en las tareas de apostolado. Incluso puede ser muy tentadora la idea de convertirse en un buen religioso celebrando muchas eucaristías –cuando uno es sacerdote–, aunque sean en el mismo día. El apostolado, desde luego, debe ser un pilar fundamental de nuestra vida bautismal, más aún en la vida consagrada ministerial, pero si las obras restan calidad a la espiritualidad, esas mismas obras serán mediocres. Lo que acredita la calidad de nuestro apostolado es el fuego del Espíritu, y no los títulos que cuelgan en nuestros despachos o las destrezas con las que contamos, por muchas que sean.

Llevemos a examen también nuestra vida de oración y celebración tanto privada como comunitaria. ¿Dedico el tiempo oportuno a mi vida de piedad? ¿Son tiempos eficaces? ¿Me esfuerzo por desconectar del mundo para conectar con el Señor en medio de los hermanos?

Sexta parada: matrimonio con una mujer israelita

La imagen del desposorio es la más habitual en la Sagrada Escritura para explicar la alianza que Dios ha establecido con su pueblo. Él es el esposo y la nación es la desposada en cada uno de sus miembros. Pero en esa relación solo hay uno que se mantiene siempre fiel: Dios.

¿En qué consisten las constantes infidelidades del pueblo que Tobit señala al hablar de los de su nación? El pecado del pueblo siempre es el mismo, ya desde el comienzo de los tiempos, y no es otra cosa que la idolatría. Dicho de otro modo, se trata de apartar a Dios del centro de la vida para colocar otra cosa, que generalmente suele ser uno mismo, es decir, se aparta a Dios para colocarse uno mismo. Eso es la idolatría. Esa es la infidelidad. Ese es el pecado. Tobit insiste en la necesidad de mantenerse fiel. Y lo significa bajo el signo del matrimonio con una mujer de su estirpe. Para él no hay más Dios que Yahvé, y nadie más merece su confianza, su adoración, su obediencia. A pesar de que en ocasiones se sienta tentado porque todo a su alrededor se está desviando o porque se sienta agotado o incluso desencantado. Estas son las dinámicas que hacen que la persona descarte a Dios y coloque en su lugar un tremendo vacío o se coloque simplemente a sí mismo.

También nosotros estamos tentados a desplazar a Dios, incluso sutilmente. Lo hacemos cuando depositamos nuestra confianza en nuestras propias fuerzas, cuando nos creemos que por cumplir unos rituales o unas normas es por lo que nos salvamos. Desplazamos a Dios cuando juzgamos a los otros y los medimos según nuestra propia medida. Y caemos en la tentación de desplazar a Dios, de serle infieles, cuando dejamos que el centro de nuestra vida, de nuestro tiempo y de nuestro corazón lo ocupe cualquier cosa que no sea el amor que él nos ha dado y la urgencia de la misión a la que hemos sido convocados, sea esta la que sea, desde cualquier estado de vida y desde cualquier momento en el que nos encontremos.

Séptima parada: enterrar a los muertos

De entre las obras de misericordia corporales siempre he creído que la de enterrar a los muertos está en la cima de la pirámide de la caridad. Por definición, cuando uno se adentra en el misterio del amor de Dios, descubre que es gratuito, que no espera nada a cambio, que es generoso sin medida y que no lleva cuentas, como nos lo describe san Pablo en la primera carta a los Corintios (cap. 13).

En definitiva, es la forma misma de ser de Dios Padre, que nos desvela maravillosamente Jesucristo. Por eso, la obra de misericordia de enterrar a los muertos que Tobit insiste en realizar desvela la forma en la que Dios ama a su pueblo. Y así Tobit se convierte a la vez en portador de la misericordia de Dios y en revelador de su mismo ser. Y lo hace porque, cuando uno da sepultura –como él– a un muerto del que nadie se hacía cargo, no espera absolutamente nada. El muerto no se lo va a agradecer. Nadie va a reconfortar al enterrador, es más, en este caso particular, siguiendo la lógica interna del relato, resulta todo lo contrario: Tobit es perseguido e incluso sus amigos más próximos le señalan o se burlan de él por obcecado y temerario.

Es bueno que en nuestro día a día tengamos presentes las motivaciones por las que hacemos las cosas. Es bueno que nos hagamos conscientes de que en medio de nuestras rutinas cotidianas late el amor de Dios, que quiere manifestarse a través de las pequeñas cosas que hacemos, porque los cristianos no obramos a la espera de una recompensa, ni de un reconocimiento, ni de una satisfacción. Nuestro obrar nace en el amor de Dios, que nos amó primero, y no persigue otro objetivo que manifestar a Dios a través de las obras que llevamos a cabo. Es un reto maravilloso, liberador y profundamente transformador, porque, en la medida que nos ejercitamos en ello, nos vamos configurando más y más con Cristo, el Señor. Aunque ello suponga abrazarnos con él a la cruz.

Terminamos estas siete paradas y dejamos que el ejemplo de Tobit despierte en nosotros el deseo de conocer en mayor profundidad el designio de Dios para nosotros, su amor sin medida. Reflexionemos en el silencio del corazón acerca de nuestras propias motivaciones y nuestras opciones fundamentales, de nuestras rutinas cotidianas y nuestras elecciones más íntimas. Y encontremos que el Espíritu habita en lo más hondo de nuestro ser moviéndonos a la santidad.

3

INCOMPRENSIÓN EN LA DESGRACIA
LA CEGUERA COMO PROVIDENCIA

Tobit se mantiene fiel. Después de haber sido privado de sus bienes por contradecir el mandato real, algo ha hecho que regrese a su hogar, con los suyos y a su vida ordinaria. Y parece que la experiencia de la persecución no ha podido cambiar lo que él considera que debe hacerse.

Este va a ser el núcleo de esta parte del relato: el regreso de Tobit después de *cuarenta días,* tras la muerte de Senaquerib, enemigo de los judíos, y la subida al trono de su hijo Asaradón, y la constancia en mantenerse fiel a los preceptos del Señor pese a todo.

Sin embargo, para un lector piadoso del tiempo de Tobit, algo no cuadra. El justo que es fiel y sigue los preceptos del Señor no debería sufrir males. Se repite aquí la experiencia de Job, que en medio de una vida consagrada al Señor experimenta el dolor y la desgracia, y la vive con una gran incomprensión. Y al igual que él, también Tobit va a tener que hacer frente a los argumentos de los suyos, que empujan contra la fe y tratan de hacer que se tambalee su esperanza. Ni Job ni Tobit ceden a esta tentación. Más bien se mantienen firmes en medio de la tribulación y esperan en el Señor, comprendiendo que incluso en la desgracia se manifiesta la misericordiosa providencia de Dios en favor de sus hijos.

Esta misma será la experiencia de Cristo al comenzar los días de su pasión, y más aún cuando sea entregado a morir en la cruz. Pero en él no hay incomprensión, sino fe; no hay desesperanza, sino certeza de que Dios Padre le ama; no hay miedo, sino determinación a la hora de cumplir el plan de salvación que el Padre ha dispuesto para toda la humanidad a través de su sacrificio.

Las figuras de Job y ahora de Tobit son imagen del padecimiento de Cristo ya en los albores del tiempo. Ellos experimentan el dolor, pero no hallan una respuesta completa a ese momento crucial de sus vidas. La humanidad tendrá que esperar a que Dios se encarne en Jesús de Nazaret para dotar de un sentido de plenitud al dolor y a la muerte. Sin embargo, hay algo que sí comparten Job y Tobit con Jesús: su fe en el Padre. Solo desde esa fe firme pueden llegar a vivir la dureza de la prueba como ocasión para la gracia. Solo la fe les hace capaces de comprender que, en medio del sufrimiento, Dios se manifiesta providente y misericordioso con sus hijos.

El texto:

Siendo rey Asaradón, volví a mi casa y recuperé a mi mujer, Ana, y a mi hijo, Tobías. En nuestra santa fiesta de Pentecostés, es decir, la fiesta de las Semanas, me prepararon un banquete y me senté dispuesto a comer. Me prepararon la mesa y vi suculentos manjares. Entonces dije a mi hijo Tobías: «Hijo, sal y si, entre nuestros hermanos deportados en Nínive, encuentras algún pobre que se acuerde de Dios con todo corazón, tráelo para que coma con nosotros. Hijo mío, esperaré hasta que vuelvas». Tobías salió en busca de algún pobre de nuestro pueblo, pero al regreso me dijo: «¡Padre!». Respondí: «Aquí estoy, hijo mío». Él contestó: «Padre, han asesinado a uno de los nuestros y su cuerpo yace en la plaza del mercado. Acaba de ser estrangulado». Me levanté sin haber probado la comida, tomé el cadáver de la plaza y lo dejé en un cobertizo para enterrarlo cuando se pusiera el sol. Entré de nuevo, me lavé y comí con amargura, recordando las palabras del profeta Amós contra Betel: «Vuestras fiestas se convertirán en luto, y todos vuestros cantos, en lamentaciones». No pude reprimir las lágrimas. Cuando se puso el sol, fui a cavar una fosa y enterré el cadáver. Los vecinos se burlaban de mí, diciendo: «Este no escarmienta. Tuvo que escapar cuando lo buscaban para matarlo por enterrar muertos y vuelve a la tarea». Aquella noche, después de bañarme, salí al patio y me recosté en la tapia, con la cara descubierta, porque hacía calor. No había advertido que sobre la tapia, encima de mí, había gorriones. Sus excrementos aún calientes me cayeron sobre los ojos y me produjeron unas manchas blanquecinas. Acudí a los médicos para que me curasen; pero cuantos más remedios me aplicaban, más vista perdía a causa de las manchas; hasta que terminé totalmente ciego. Cuatro años permanecí sin ver. Todos mis parientes se mostraron afligidos. Ajicar me cuidó durante dos años, hasta que marchó a Elimaida (2,1-10).

El relato resulta dramático por varios motivos. El primero, tal vez más impactante, el hecho de que Tobit se quede ciego. Pero tras el accidente de su ceguera subyace un drama aún mayor: para la mentalidad de su tiempo, Dios ha permitido que un hombre justo sufra.

Vamos a contemplar cuatro aspectos que este momento de la vida de Tobit nos presenta y de los que se irán proponiendo algunas preguntas para traerlas a nuestra propia experiencia de vida cristiana. En primer lugar, Tobit pide a su hijo que vaya a buscar un pobre; en segundo lugar, la aparición de un muerto; en tercer lugar, la celebración de Pentecostés en esas circunstancias, y, finalmente, la ceguera de Tobit.

Primer aspecto: el Padre envía al Hijo a buscar a un pobre

Según el relato, Tobit sigue siendo pobre. Aunque se le ha permitido regresar a Nínive y ha recuperado a su mujer Ana y a su hijo Tobías (2,1), no se le han restituido sus bienes. Así que, como en el caso de Job, Tobit ha sido probado externamente a través de la pérdida de sus bienes. Sin embargo, esto no ha supuesto un obstáculo para que lleve a cabo un gesto de misericordia y gran solidaridad con los pobres. Cuando ya están preparados los festejos de Pentecostés, que, según el relato, debemos entender que serían muy humildes, Tobit comprende que cerca de él y su familia hay otros que lo pasan peor que ellos. Y abre su corazón. Y en su gesto prefigura ya la acción que Dios Padre realizará cuando llegue la plenitud de los tiempos (Gál 4,4), pues envía al Hijo para rescatar a los pobres.

No hemos hablado aún de Tobías. Acaba de aparecer aquí por primera vez en el relato, a pesar de que el libro actualmente lleva su nombre. Si el nombre del padre, Tobit, significa «Dios es mi bien», el nombre de Tobías está formado por dos palabras muy parecidas: $\underline{tob}$ = bien / $yah,$ que es una apócope del nombre propio de Dios (Yahvé). Su significado, entonces, es «Dios es bueno». Tobit y Tobías estarán encargados durante toda la historia de hacer efectiva esta afirmación a través de sus propias vidas: el amor y la bondad de Dios en favor de los hombres.

Así pues, Tobit empobrecido tiene en su hijo su mayor riqueza y su mayor fortaleza. Y lo envía para realizar un acto de misericordia. De este primer apunte me gustaría sugerir un hilo para la meditación. Contemplando a Tobit pobre enviando a su hijo, vale la pena preguntarnos: ¿qué es lo que nosotros compartimos? ¿Nos excusamos a veces convenciéndonos de que no podemos porque no tenemos nada, porque no somos capaces, porque no sabemos? Al ver a Tobit enviando al hijo, imagen de

«Dios es bueno», ¿confío yo en que las cosas salen bien porque Dios es bueno y hace posible aquello de lo que yo me veo incapaz?

Seguimos. Lo que le ha pedido Tobit a su hijo es que vaya en busca de un pobre, pero no de uno cualquiera. La familia se encuentra en una tierra extraña y rodeados de gentes que adoran a dioses extranjeros, idólatras, por tanto, y pecadores en consecuencia. No se trata, entonces, de ir a cualquiera. Hay unas condiciones que cumplir, y son dos: que sea de «entre nuestros hermanos» y «que se acuerde de Dios con todo corazón». Para Tobit es importante que la persona que se siente a su mesa, a pesar de ser pobre, sea limpia de corazón. Con esto está dando muestra de algo muy importante: la pobreza no es sinónimo de indignidad, pues lo que hace digna a la persona no es lo de fuera, sino lo de dentro. Y dentro del corazón del hombre habita Dios, aunque no todos son capaces de descubrirlo. Pero también está desvelando que la situación de precariedad material no constituye, en sí misma, una situación de bienaventuranza. Dicho de otro modo, aquel pobre que no se acuerda de Dios de corazón y no se siente vinculado fraternalmente a la humanidad, ese sí que ha perdido la dignidad, porque en su corazón se ha instalado no solo la pobreza exterior, sino la más profunda y lamentable de las pobrezas, la que le hace a uno esclavo. El pobre que forma parte del pueblo y que con su corazón busca a Dios es libre, y sobre él recae la promesa de Dios, como enunciará

Jesús mucho tiempo después: «Bienaventurados los pobres en el espíritu, porque de ellos es el reino de los cielos» (Mt 5,3).

Este aspecto también ha de ayudarnos a reflexionar, esta vez en dos direcciones. En primer lugar, evaluar cómo tratamos a los demás: ¿considero la dignidad de las personas por lo que tienen, por lo que hacen, por lo que muestran, o en verdad por lo que son? ¿Soy capaz de comprender que en todas las personas reside la dignidad que Dios ha inscrito desde su concepción? Y, en segundo lugar, ¿las ayudo a descubrir a Dios dentro de ellas?

Segundo aspecto: Tobías encuentra a un israelita estrangulado

La comida de Pentecostés ha quedado interrumpida. Tobit ha dicho a su hijo que no probará bocado hasta que regrese, y en esa espera podemos intuir alegría por la fiesta e ilusión por poder compartir lo poco que se tiene con quien tiene menos. Pero la historia da un giro dramático: ni alegría ni ilusión, sino tristeza. Tobías regresa con una noticia dolorosa: «Padre, han asesinado a uno de los nuestros y su cuerpo yace en la plaza del mercado. Acaba de ser estrangulado» (2,3).

El primer aspecto que debemos contemplar en este momento es el de la identificación que el hijo va haciendo con el padre. La misión recibida en este momento era clara: «Ve, busca a un pobre», le ha dicho Tobit a Tobías. Sin embargo, a los ojos del hijo no pasa inadvertido lo que para el padre se impondría con toda naturalidad. También el hijo ha aprendido a dirigir su mirada hacia las realidades a las que el padre ama y por las que manifiesta sensibilidad y compromiso. El hijo se va desvelando un digno hijo de tal padre, porque, en el transcurso de su misión, ha mirado donde habría mirado el padre. Y regresa a la casa sin haber cumplido aparentemente la misión; en realidad, regresa a la casa con una misión cumplida que es mucho más importante, porque se ha hecho uno con el padre en el acto caritativo de dar sepultura a los muertos, pues primero, antes de enterrarlos, hay que mirar a la muerte y reconocerla sin temor, como ahora ha hecho el joven Tobías, y denunciarla.

Tobías regresa a casa con un anuncio disruptivo en el marco narrativo, pues la fiesta de Pentecostés debe evocar alegría. Esta experiencia puede ser también la nuestra en no pocas ocasiones. Es decir, nos hemos esforzado por algo, llevamos a cabo una tarea en la que hemos depositado una gran ilusión y cuyo éxito ha de alegrarnos mucho y, sin embargo, resulta fallida. Y a veces ni siquiera somos capaces de comprender por qué. Salió mal, simplemente, y lo que creíamos que estaría bien resulta que no es así. Es lo que le ha pasado a Tobit. Pero ¿cuál es su reacción?

Tobit podría haber reaccionado afligiéndose, lamentándolo, comentando con los suyos el suceso y nada más. Nos parecería del todo legítimo incluso que hubieran comido, aun con algo de pesar, porque, al fin y al cabo, ya lo habían intentado. ¿Qué vamos a hacer si salimos a buscar un pobre pero no lo encontramos? Sin embargo, la reacción de Tobit resulta muy distinta y muy llamativa: «Me levanté sin haber probado la comida, tomé el cadáver de la plaza y lo dejé en un cobertizo para enterrarlo cuando se pusiera sol» (2,4). El gesto contiene una potentísima fuerza interpeladora. Tobit nos ha contado que por hacer esto mismo perdió todo lo que tenía, incluso a su familia, y que fue apartado de su vida hasta el punto de haberse puesto en peligro de muerte. Pero vuelve a hacerlo. ¿Por qué interpela realmente? Porque cuando se trata de llevar a cabo acciones de apostolado, o gestos sencillos de anuncio de la Palabra, o de dar testimonio del Señor en cualquier ambiente, o cuando se trata de tratar bien a una persona siempre, o cuando se trata de perseverar, muchas veces nos volvemos muy analíticos y casi hacemos «economía espiritual». Me explico, es sencillo. En algunas ocasiones miramos los resultados que están produciendo las acciones que realizamos, acciones sencillas como puede ser una homilía –en el caso de un sacerdote– o un mensaje que se ha enviado por redes; o analizaba –cuando era profesor en Secundaria– la acogida que habían hecho mis alumnos de una maravillosa reflexión que les había ofrecido y resultaba que casi nadie había atendido a la homilía, que casi nadie había escuchado o visto el mensaje que había subido a Facebook o a Twitter, y que ninguno de mis alumnos se acordaba ni de una sola palabra de la maravillosa reflexión que les había preparado. Y entonces me desanimaba. Y me sentía tentado a dejarlo, a leer la homilía que otro preparase en lugar de prepararla yo; a darme de baja en mis redes y a limitarme a explicar los temas en clase, pero no pretender nada más. Y no es una tentación pequeña. Mucho menos si se trata de las relaciones humanas: resulta que yo siempre me porto bien con aquella persona y, sin embargo, conmigo se porta mal. ¿Qué hago: me alejo? ¿Hago lo mismo? ¿Me muestro indiferente?

Tobit nos desvela lo que nos viene diciendo desde el principio del libro: *Dios es bueno.* Y la bondad no se agota. El hijo de Tobit, el fruto que ha dado su persona, es este: *Dios es bueno.* Así que, visto así, no es de extrañar que, a pesar de todo, salga de nuevo a hacer el bien. Es que no puede hacer otra cosa. Pase lo que pase.

Tercer aspecto: Pentecostés y un entierro

Al final, comer, come. Y es interesante que lo haga. Lo es por varios motivos. En primer lugar, lo que está celebrando es una fiesta pascual. Dios ha intervenido en su historia, en la historia de salvación de todo el pueblo. Esto ya lo sabemos, pero el dato importante es que Tobit, con su familia, se encuentra lejos de Jerusalén y de Israel. Están en Nínive, a mil trescientos kilómetros de Jerusalén. Según los cálculos de Google Maps, andando tardaríamos en llegar de uno a otro treinta y tres días (caminando ininterrumpidamente día y noche). Pero ni el tiempo ni la distancia son un obstáculo para que la gracia de Dios actúe. Y eso, en la mentalidad de un judío piadoso de aquel tiempo, es una certeza que le confiere una gran esperanza: Dios vence cualquier barrera para llevar a cabo su plan de salvación.

En ocasiones también nosotros podemos tener la percepción de que hay demasiados obstáculos, demasiadas barreras, para que el plan de Dios se desarrolle. Creemos que no será posible y nos desalentamos porque no nos vemos capaces de caminar treinta y tres días seguidos. ¡Ni sabríamos por dónde hay que ir! Sin embargo, Tobit, una vez más, manifiesta una fe grande en Dios, pues sabe que el protagonista de la historia es el Señor y no él. Así que, a celebrar Pentecostés.

Y es importante el gesto que Tobit realiza porque después de haber interrumpido la comida y de haber ido a rescatar el cadáver de su compatriota y haberlo escondido, Tobit ha vuelto a la mesa y ha comido. «Comí con amargura» (2,5), confiesa, pero se ha sentado a la mesa y ha celebrado la fiesta del Señor. Esta escena nos sugiere un hombre con una gran fe, y que anticipa lo que Jesús dirá a unos detractores suyos que tratan de dejarlo en mal lugar preguntándole por el tributo al César. Jesús desvelará entonces algo que ya Tobit está poniendo en práctica: «Al César lo que es del César, y a Dios lo que es de Dios» (Mc 12,17). El auxilio y la acción misericordiosa con el compatriota muerto no suplen en modo alguno el tributo debido a Dios. Es Pentecostés y hay que celebrar. Hay que alegrarse en el Señor compartiendo la mesa con él y con los hermanos, representados en su familia. Y Tobit lo hace en medio de la amargura. No se trata de ritualismo ni del estricto cumplimiento externo de una norma, sino de una auténtica justicia religiosa en la que el individuo es capaz de salir de sí mismo para habitar un espacio sagrado, el de la fiesta, donde todos los aconteceres históricos son anecdóticos e importa solo la presencia del misterio. Psicológicamente, Tobit manifiesta un equilibrio fascinante. Su espíritu está perturbado y atraviesa un momento emocional duro, está angustiado. Sin embargo, su fortaleza de ánimo le ayuda a mantenerse íntegro y fiel, mostrando otra vez que él no es el protagonista ni siquiera en el momento de la aflicción y el sufrimiento. El protagonista es siempre y en toda ocasión Dios.

Al contemplar a este hombre y su forma de actuar descubrimos una altura mística fascinante. El mundo que habita tiene sobre él un influjo y ejerce sobre su vida cierto poder, pero no tiene la última palabra. Nuevamente, anticipa en su gesto y en su actitud revelaciones que Jesús dejará a los suyos con solemnidad y casi en clave de misterio. En un momento de gran intimidad, el Señor enseña a sus discípulos más cercanos: «No sois del mundo, sino que yo os he escogido sacándoos del mundo» (Jn 15,19), de modo que nada de lo que acontece tiene poder sobre los discípulos de Jesús, pues el auténtico poder reside en el Espíritu Santo que ellos han recibido, como ahora anticipa Tobit sentándose a comer y a celebrar Pentecostés en medio de un mundo difícil de comprender, hiriente y perturbador. La última palabra, en cualquier caso, no la tendrá la incomprensión, ni la injusticia, ni la muerte, sino Dios.

Cuarto aspecto: de la luz a la oscuridad

Lo que sucede a continuación rompe la lógica de la fe. Es lo mismo que sucede en el caso de Job y lo mismo que le sucede al Señor Jesús: el justo puesto a prueba:

> La plata en el crisol, el oro en el horno; los corazones los prueba el Señor (Prov 17,3).
> Sufrieron pequeños castigos, recibirán grandes bienes, porque Dios los puso a prueba y los halló dignos de él. Los probó como oro en el crisol y los aceptó como sacrificio de holocausto (Sab 3,5-6).
> Porque en el fuego se prueba el oro, y los que agradan a Dios, en el horno de la humillación. En las en-

fermedades y en la pobreza pon tu confianza en él (Eclo 2,5).

Por ello os alegráis, aunque ahora sea preciso padecer un poco en pruebas diversas; así la autenticidad de vuestra fe, más preciosa que el oro, que, aunque es perecedero, se aquilata a fuego, merecerá premio, gloria y honor en la revelación de Jesucristo (1 Pe 1,6-7).

Tobit se queda ciego. Tenía sesenta y dos años (14,2) y toda su vida había hecho el bien. Tobit se queda ciego durante cuatro años y en ningún momento se queja a Dios, ni le culpa ni le reprocha. También aquí se nos presenta como un hombre fiel y piadoso. Y lo que es más importante, también desde esta circunstancia continuará en el empeño de obrar rectamente.

El incidente es del todo fortuito. El mismo Tobit relata que, después de bañarse, salió a dormir al patio por el calor, y que los gorriones de la tapia, a los que no había visto, dejaron caer sus excrementos calientes sobre sus ojos, causándole unas manchas blanquecinas que le nublaron la vista. Un relato simple, esquemático y sin causas aparentes. Sin embargo, es preciso que observemos que en la actitud de Tobit no hay resignación. La resignación no es una actitud propia del creyente. Después de quedarse ciego, Tobit afirma: «Acudí a los médicos para que me curasen» (2,11), aunque esto no hizo más que empeorar la situación. En cualquier caso, nos interesa descubrir nuevamente la actitud del personaje, pues manifiesta otra vez gran entereza de ánimo y determinación, y combate contra las fuerzas que lo empujan hacia el abismo, esta vez con las armas de la ciencia y la técnica humanas, que tristemente fracasarán.

Tobit ha pasado de la luz a la oscuridad, y en adelante deberá caminar «por cañadas oscuras y en sombra de muerte» (Sal 22), pero esta oscuridad no será para él un motivo para abandonar a Dios, porque tampoco se siente abandonado por él. Esto sí que es fe. Y es una poderosa llamada de atención para nuestra propia vida espiritual y para nuestra respuesta generosa al Señor. Nos pasan cosas que no elegimos: enfermedades, pérdidas, desencuentros con personas a las que hemos querido; contratiempos en el trabajo o en la economía doméstica; sufrimos desilusiones y atravesamos crisis por muchos motivos, pero Dios, nuestro Dios, nunca nos abandona, aunque a veces nos cueste verlo. Tobit no abandona a Dios, aunque no pueda verlo. Más aún, su ánimo se mantiene firme y lucha por aquello que legítimamente le pertenece, como es ahora su visión.

Finalizamos esta reflexión sobre todo con el regusto espiritual de la contemplación de esta figura paradigmática de nuestra espiritualidad. La Providencia nos regala este modelo de santidad para evaluar ahora nosotros nuestras propias elecciones fundamentales. Es el momento de llevar a la oración y al silencio contemplativo lo que la Palabra nos ha dicho. Es el momento de dejar que sea el Espíritu quien nos desvele nuestra propia realidad, no para avergonzarnos porque no alcanzamos aún la altura de Cristo, sino porque al hacerlo, al evaluar nuestra disposición de corazón ante los acontecimientos que vivo, el Señor nos revela también la estrategia para cambiar, para alcanzar la gracia de la conversión y progresar así en la auténtica santidad.

4

A DIOS ROGANDO
Y CON EL MAZO DANDO.
NO TENTARÁS AL SEÑOR

En el comentario que hace san Jerónimo al libro de Tobías dice que el Señor permitió esta tentación para dar a los venideros un ejemplo de paciencia como el del santo Job. Desde su infancia, Tobit temía a Dios y guardaba sus mandamientos, y cuando le sobrevino la ceguera no se irritó contra Dios, sino que se mantuvo en el temor de Dios, y toda la vida siguió dándole gracias. Como al santo Job le insultaban reyes, así de Tobit se burlaban sus familiares y parientes, diciendo: «¿Dónde han quedado tu esperanza, por la que dabas limosnas y enterrabas muertos?». Pero Tobit les reconvenía: «No habléis así; somos hijos de santos y esperamos esa vida que Dios dará a los que no abandonan su fe».

El texto:

En tal situación, para obtener algún dinero, mi mujer, Ana, tuvo que trabajar en labores femeninas tejiendo lanas. Los clientes le abonaban el precio a la entrega del trabajo. Un día, el siete de marzo, terminó una pieza de tela y la entregó a los clientes. Estos, además de darle toda la paga, le regalaron un cabrito. Cuando ella entró en casa, el cabrito se puso a balar. Yo entonces llamé a mi mujer y le pregunté: «¿De dónde ha salido ese cabrito? ¿No será robado? Devuélvelo a su dueño. No podemos comer cosas robadas». Ella me aseguró: «Es un regalo que me han hecho además de pagarme». No la creí y, avergonzado por su comportamiento, insistí en que lo devolviera a su dueño. Entonces ella me replicó: «¿Dónde están tus limosnas y buenas obras? Ya ves de qué te han servido» (2,11-14).

Lo que le ha sucedido a Tobit es doloroso. Y este dolor ejercerá una influencia muy poderosa sobre él y sobre su mujer, tanto que en este momento del relato a lo que asistimos es a un «conflicto matrimonial».

Las decisiones que uno toma, como los acontecimientos que lo marcan, tienen una incidencia en la vida, pero no solo a nivel personal, sino también a nivel comunitario. Esa será nuestra primera reflexión en esta meditación. Hablaremos brevemente también de la experiencia de la incomprensión, de la exigencia de fidelidad que Tobit se autoimpone y concluiremos, para terminar, con una reflexión acerca de la percepción de la realidad. Comencemos.

Primera reflexión: vivimos en comunidad, sufrimos en comunidad

Quien padece la ceguera es Tobit. Así lo están contando estos primeros capítulos del libro. Sin embargo, inmediatamente después se nos relata cómo las consecuencias de esta desgracia no le afectan solo a él: parece que la primera damnificada es Ana, su mujer, que se ve obligada a *trabajar a sueldo*. Esto no tiene una connotación negativa ni hay que entender el trabajo manual como algo pernicioso o vergonzoso. De hecho, cuando el pueblo de Israel se dispone a confeccionar la Tienda del Encuentro en la que habría de morar la gloria del Señor en el arca de la alianza, a las mujeres se les encomendó una hermosa tarea: «Todas las mujeres expertas en el oficio hilaron con sus propias manos y trajeron las labores en púrpura violácea, roja, escarlata y en lino. Todas las mujeres expertas y bien dispuestas tejieron el pelo de cabra» (Ex 35,25-26).

Ana forma parte del grupo aquel de mujeres expertas, y su trabajo evoca algo creativo y santo. Hay también una reminiscencia del libro del Génesis cuando «el Señor Dios hizo túnicas de piel para Adán y su mujer, y los vistió» (Gn 3,21). A pesar del pecado, Dios no deja desprotegidos a sus hijos, que por sus malas acciones se han apartado del camino de la vida. Y esta protección que Dios les brinda tiene un doble sentido: por una parte, el mundo al que se van a enfrentar es hostil, ya no es un paraíso terrenal, pues ese don lo han roto al romper su fidelidad a Dios a causa del pecado. Por eso van a necesitar estar protegidos, no como antes del pecado, cuando no hacía falta ni el vestido ni ningún tipo de precaución. Así que Ana, la esposa de Tobit, teje para proteger a su familia, porque en la nueva situación se ven en la necesidad de una nueva defensa. Pero, si en el Edén fue el pecado el que descubrió la desnudez y la desprotección, ¿qué ha sucedido con Tobit y su familia para que tengan que atravesar esta difícil adversidad? En él no ha habido pecado y, sin embargo, ha sobrevenido la desgracia. ¿Cómo se explica?

Por otra parte, el vestido oculta la desnudez. La experiencia de la vergüenza no es solamente una construcción social o tradicional. El que está bajo el dominio de la vergüenza se siente sucio, derrumbado, tragando polvo. El que se siente avergonzado no puede mirar cara a cara a otro ser humano y hunde su cabeza, baja la vista y se encorva[1]. La vergüenza arruina todo lo que cae bajo su dominio: la autoestima, la posibilidad de mirar a los ojos, la alegría. Y Dios no puede permitir que un hijo suyo se sienta así. En la figura de Ana, esposa de Tobit, tejiendo telas encontramos a Dios auxiliando en el dolor a Tobit. Aunque ellos, en ese momento, no se dan cuenta. Dios sustenta a los dos de la misma manera que la fatalidad de la situación les afecta a los dos.

Cuando experimentamos algún dolor o algún fracaso, cuando sufrimos un contratiempo, tendemos a mirarnos a nosotros mismos como el centro de la historia. Y es normal. Recuerdo que, siendo director del colegio en el que trabajé, a menudo traían a al-

---

[1] A. Lécu, *Has cubierto mi desnudez*. Madrid, Narcea, 2016, p. 24.

gún niño que se había hecho daño, y para calmarlo o consolarlo alguien le decía: «Ya está, no pasa nada. No llores más». Y eso, de verdad, nunca servía para calmar o consolar: ¡claro que pasa! ¡Se ha hecho daño y su dolor es suyo! ¡Le duele a él! Y en ese momento el niño es el centro de atención, y además lo necesita.

Pero, cuando ya no somos niños, cuando somos capaces de vivir la madurez de la fe, hemos de escalar a la virtud de comprender que incluso en medio del dolor el protagonista de la historia es Otro. Dios no nos abandona ni mira para otro lado, aunque nos cueste ver que está ahí. Ese es nuestro reto. Y es un reto de santidad.

Segunda reflexión: la experiencia de la incomprensión

El mal en el mundo es un misterio oscuro y doloroso. El mismo Crucificado preguntó a su Padre: «Dios mío, ¿por qué me has abandonado?» (Mt 27,46). Hay muchas cosas incomprensibles. Pero tenemos una certeza: Dios es totalmente bueno. Nunca puede ser el causante de algo malo. Dios creó el mundo bueno, pero este no es aún perfecto.

El escritor inglés Clive Staples Lewis (1898-1963), autor de *Las crónicas de Narnia,* escribió un pensamiento muy certero en este sentido: «Dios susurra en nuestras alegrías, habla en nuestra conciencia.

Pero en nuestros dolores grita. Son su megáfono para despertar a un mundo que no oye».

Así se nos presenta la experiencia de Tobit: en medio del dolor Dios está gritando. Él no ha expresado una duda acerca del amor de Dios, pero dentro de su corazón se está preparando una plegaria muy profunda, difícil de expresar solo con palabras. Volviendo de nuevo la mirada a la figura de la esposa tejiendo y el hombre sufriendo a su lado, resuena la angustiosa plegaria del rey Ezequías al borde de la muerte:

> Yo pensé: «En medio de mis días
> tengo que marchar hacia las puertas del abismo;
> me privan del resto de mis años».
> Yo pensé: «Ya no veré más al Señor
> en la tierra de los vivos,
> ya no miraré a los hombres
> entre los habitantes del mundo.
> Levantan y enrollan mi vida
> como una tienda de pastores.
> Como un tejedor devanaba yo mi vida,
> y me cortan la trama» (Is 38,10-12).

En la Sagrada Escritura son muchas las ocasiones en las que se presenta este abismo, esta especie de brecha insalvable entre la realidad del dolor y la certeza de que Dios ama a la humanidad. Y, en efecto, es insalvable ese abismo si se prescinde del acontecimiento definitivo de la historia: la encarnación del

Verbo Eterno en carne humana. Ninguna respuesta será del todo satisfactoria hasta que Dios mismo atraviese la angostura del sufrimiento y venza a la muerte y al pecado con la resurrección del Hijo único entregado por nosotros. En definitiva, no hay respuesta si no hay fe, pero una fe que mana del acontecimiento definitivo que supondrá la redención de Cristo por su pasión, muerte y resurrección, así que Tobit y Ana aún tendrán que esperar, y por eso en su diálogo hay asperezas, y por eso en ella, en la esposa que ahora ve a su marido ciego y se ve obligada a trabajar a sueldo, surge la duda. Pero los que hemos sido agraciados con el mensaje de la resurrección de Cristo no podemos sucumbir ante el empuje del dolor: él ha vencido. Vale la pena mirarnos a nosotros mismos comparándonos con los hombres y mujeres santos del Antiguo Testamento, en esta ocasión con Ana y Tobit, y decirnos: «Si ellos hubieran sabido, como yo sé, que la muerte no tiene la última palabra».

En nuestra misión como bautizados son muchas las ocasiones en las que tenemos que acompañar en el dolor. La palabra de consuelo nunca puede pretender una respuesta de corte ritual, llena de demagogia o una consolación superficial. Mucho menos puede conducir al que sufre a la resignación. La resignación no es una actitud cristiana si la entendemos como aceptación sin sentido del dolor o el sufrimiento. El bautizado está puesto como hombre santo en medio del mundo, y por eso su palabra, su

presencia, debe ser siempre iluminadora, conducto-
ra de fe. Una fe que sea, a la vez, conciencia segura
de salvación y fidelidad. Esto es, acompañar en el
dolor tiene que ser un ejercicio en el que se fortalez-
ca el amor sincero y auténtico a Dios; pero también
un trabajo donde se construya con perseverancia la
constancia, la resiliencia, que son frutos –¡deben
serlo siempre!– de la esperanza.

Tercera reflexión: fiel a los preceptos del Señor, aunque no los pueda ver

Como la Sagrada Escritura no da puntada sin hilo,
me gustaría que pusiéramos mucha atención a lo
que desencadena el malentendido entre Ana y Tobit. En la narración se nos pone en situación dicién-
donos que a Ana «los clientes le abonaban el precio
a la entrega del trabajo» (2,12). Pero en una ocasión
alguien le dio, además, un cabrito, que, al llegar a
casa, se puso a balar. Interesante. Veamos por qué.

En primer lugar, el narrador nos ha referido la
fecha como quien aporta un dato sin mayor interés,
sin embargo, la fecha señalada nos coloca a pocas
semanas de la celebración de la Pascua. Está claro
que en la situación en la que se encontraban Tobit y
Ana difícilmente habrían podido conseguir un cabrito para comerlo conforme a la ley ritual, así como
lo estipula la Escritura: «Decid a toda la asamblea de
los hijos de Israel: "El diez de este mes cada uno

procurará un animal para su familia, uno por casa"»
(Ex 12,3). Para los lectores conocedores del calendario judío y del calendario asirio, sería del todo lógico imaginar que Tobit andaba ya dándole vueltas al modo de conseguir ese cabrito. Y ahí está.

Me detengo en este pensamiento porque en la Sagrada Escritura son tantas las veces en las que se nos ilustra la intervención de Dios que es difícil no confiar en su Providencia. Me parece maravilloso, además, contemplarlo así: Dios ha impuesto una norma a su pueblo, un precepto, pero, lejos de obligarles a cumplirlo sin más, el mismo Señor hace posible que ese precepto se convierta en realidad. Llevado a mi propia experiencia espiritual y de vida cristiana, hemos recibido el encargo común de caminar hacia la santidad, bajo la inspiración del carisma recibido de Dios a imitación de san Cayetano y nuestros fundadores. El reto no es pequeño ni la tarea sencilla, pero, contemplando la acción de Dios a lo largo de la historia, hemos de convencernos de que es su Providencia la que hace posible este camino, de que es su gracia la que nos capacita para avanzar hacia la cumbre de la luz.

En segundo lugar, querría fijarme en el balido del animal. Tobit está ciego. Lleva así casi cuatro años, de modo que es de suponer que sus ojos cada vez están peor. Sin embargo, sus oídos están bien despiertos, aguzados para percibir lo que sucede a su alrededor. Este detalle me parece maravilloso tanto desde el punto de vista narrativo como especialmente desde el punto de vista espiritual. Resulta que la Sagrada Escritura fue toda ella concebida para ser proclamada. En el mundo semítico del Antiguo Testamento, como después lo será en las primeras comunidades cristianas, lo que prima es la escucha: «Escucha, Israel: el Señor es nuestro Dios, el Señor es uno solo» (Dt 6,4). La visión es un momento de plenitud escatológica y es el don del final de los tiempos, pero la actitud propia del discípulo, del seguidor fiel del Señor, es la escucha.

Tobit ha perdido la vista, ha sido privado de uno de los modos más importantes de interactuar con su entorno y de desenvolver su vida con normalidad. Sin embargo, sigue siendo un «escuchante». Sus oídos no se han cerrado, como no se ha cerrado su corazón. Por eso me encanta fijarme en esta imagen para despertar también yo de esas situaciones en las que un contratiempo o un fracaso me cierran el entendimiento y me nublan la esperanza. Cuando eso sucede, es bueno tener presente el ejemplo de este hombre santo: siempre se puede escuchar lo que Dios tiene que decir. Pero, atención, porque es preciso dejar hablar a Dios y no encerrarlo en nuestro modo de escuchar. En este sentido sí podemos reprochar al personaje de Tobit su cerrazón y sus prejuicios, porque, si bien demuestra una hermosa disposición de escucha, su situación hace que lo que le llega pase por un filtro falaz, es decir, que sus prejuicios le hacen interpretar erróneamente lo que está sucediendo.

Hay un episodio en el comienzo de la revelación que ilustra acerca de este peligro de filtrar la escucha erróneamente. Se trata del primer mito de la creación apenas abrimos la Sagrada Escritura (Gn 1,1-3,ss). Cuando el hombre y la mujer han comido del árbol prohibido, Dios los busca por el jardín del Edén, pero Adán responde: «Oí tu ruido en el jardín, me dio miedo, porque estaba desnudo, y me escondí» (Gn 3,10). El pecado ha corrompido la escucha en el corazón del hombre. A causa del pecado, la escucha no genera fe, sino que engendra miedo, se ha degenerado la relación filial y de amistad y el hombre se deja conducir por el prejuicio que la serpiente le ha inoculado con sus mentiras. Ahora el hombre no *cree* en Dios, sino que *teme* a Dios conforme a lo que le ha dicho el tentador. Esa es su ceguera: Dios se pasea a la hora de la brisa por el jardín –hermosa evocación de la presencia del Espíritu– mientras que el hombre se oculta de su vista avergonzado y temeroso.

En nuestro itinerario espiritual a veces acontece algún episodio que nos lleva a experimentar algún modo de ceguera. Querríamos tener la ocasión de desarrollar todas nuestras potencialidades en cierto lugar, con cierto grupo o en cierto rasgo carismático, y, sin embargo, nos vemos privados de ello porque algo –o alguien– lo impide. ¿Cómo reaccionamos? ¿Dónde situamos nuestra escucha más sincera y auténtica de lo que Dios nos está susurrando en esas ocasiones? Por otra parte, es el mismo Señor el que nos ha convocado a esta hermosa misión que es el sacerdocio bautismal. Y seguramente nos irá llevando, si somos dóciles a su inspiración, a muchos nuevos retos. ¿Soy capaz de afrontarlos confiando en su Providencia o confío solo en mí?

Cuarta reflexión: el prisma con que se mira: ¿quién tiene más luz?

Ana se ha enfadado. Y con razón. Estaría cansada, dolorida por haber estado en esa tediosa postura en la que tienen que permanecer durante horas las tejedoras, con los ojos fatigados de fijar la vista durante largos períodos de tiempo, y cuando recibe la recompensa de su trabajo, su marido, por quien ella trabaja, la trata de ladrona. ¡Es el colmo!

¿Te ha pasado alguna vez algo parecido? No me refiero a que te regalen un cabrito, aunque a mí en África me regalaban pollos con cierta frecuencia... Estoy hablando más bien de esos sentimientos: uno trabaja y se esfuerza, incluso se sacrifica, y resulta que lo que recibe a cambio son desaires. O indiferencia, que no sé si es peor. ¿Cómo gestionamos esas emociones? ¿Qué hacemos con ellas?

Lo de Tobit, en cualquier caso, tiene su explicación, aunque no es que lo quiera justificar, porque no seré yo quien le dé la razón. Se nos ha dicho al comienzo del libro que es un hombre observante, y siendo así no podría haber aceptado en modo alguno un cabrito robado:

> Un ladrón debe indemnizar: si no tiene nada, será vendido para pagar por lo que robó. Si el buey, el asno o la oveja robados se hallan aún vivos en su poder, indemnizará con el doble (Ex 22,2-3).
> Si ves el buey o la oveja de tu hermano extraviados, no te desentiendas de ellos; se los devolverás a tu hermano (Dt 22,1).

De esta manera, lo que le sucede a Tobit es que quiere ser del todo observante de la Ley, fiel a los mandatos del Señor, pero podríamos decir que se le ha ido un poco de las manos, pues ha pretendido ser tan observante que ha dejado de *observar* a la que está a su lado. También esta trampa de la piedad se nos puede colar por las rendijas de la buena voluntad: queremos ser cumplidores de lo que Dios nos ha mandado –o entendemos que nos ha mandado– hacer, y para lograrlo pasamos por encima de los que tenemos cerca. En ese caso, como le sucedió a Ana y a Tobit, es posible que por lograr un bien estemos siendo motivo de un mal, de restarle paz a alguien que se encontraba ya en el borde del aguante.

A Ana tampoco la podemos justificar. Ella ha estallado. Contenía una duda, una rabia, un desconcierto, y no ha sabido esperar. Ha flaqueado en su esperanza y ha arremetido contra el marido y su dolor. Le da donde le duele, porque lo conoce. Como se ha sentido herida ha querido herir. Podría decirse que más por defensa que por ataque, con lo que su falta adquiere unas dimensiones más minimizadas.

Sea como sea, esta escena nos revela a dos personas desprovistas de luz. Él, por la ceguera, que se convierte en obcecación; ella, por el despecho y la duda. Sin embargo –y aquí está lo interesante–, la historia continúa con los dos juntos.

Lo único definitivo es el amor de Dios; por eso, que no lo sea una disputa entre bautizados. Podríamos decir que los esposos, por el hecho de compartir el hogar, las propiedades, los hijos, están más dispuestos a «aguantar» y «aguantarse». Sin embargo, cuántas veces en las comunidades religiosas los que conviven en una casa y comparten una misión dejan de entenderse por motivos como estos: obcecación y duda. O cuántas veces en la vida de los laicos se producen desencuentros dentro de grupos de parroquia o de movimientos porque se piensa distinto. La vida de los bautizados está llamada a combatir estas perniciosas tentaciones a golpe de humildad y sencillez. La estrategia, de esto estoy seguro, es siempre la calma, relativizar las cosas que pasan. Y, sobre todo, el ingente ejercicio de ponerse en el lugar del otro. Lo llaman empatía cuando se estudia en las escuelas. Para nosotros es mucho más, porque es caridad fraterna, y eso es un don del Espíritu Santo, una virtud teologal que viene de Dios y, por tanto, hay que pedir a Dios.

El bautizado, entonces, está llamado a ser caridad en nombre de Dios. De otro modo estará siendo del todo infiel a su propia identidad. Hombre de Dios, nunca generador de conflictos, como aquí vemos que les está sucediendo a Tobit y Ana. Veremos cómo se arreglará para ellos este mal, porque tal vez nos ayude a nosotros si alguna vez nos ataca la misma tentación.

5

SI EL AFLIGIDO INVOCA AL SEÑOR. LA ORACIÓN QUE CENTRA LA VIDA

El libro de Tobías contiene algunas joyas de la espiritualidad judía de gran altura y de gran provecho para la vida de los creyentes. Y eso es precisamente lo que vamos a encontrar en este momento del relato.

Después de haber planteado la historia, el narrador nos propone el ejemplo de un hombre que lucha por vivir fielmente, incluso en medio del dolor y la contrariedad que supone la enfermedad. Así es que Tobit eleva su oración al Señor desde la certeza de que será escuchado. Es hermoso contemplar al afligido en su primera reacción: no se queja, no blasfema, no duda, sino que reza. Acude a aquel de quien depende la vida y la muerte y el único que puede salvarlo.

El texto:

> Con el alma llena de tristeza, entre gemidos y sollozos, recité esta plegaria:
> «Eres justo, Señor, y justas son tus obras;
> siempre actúas con misericordia y fidelidad,
> tú eres juez del universo.
> Acuérdate, Señor, de mí y mírame,
> no me castigues por los pecados y errores
> que yo y mis padres hemos cometido.

Hemos pecado en tu presencia,
hemos transgredido tus mandatos
y tú nos has entregado
al saqueo, al cautiverio y a la muerte,
hasta convertirnos en burla y chismorreo,
en irrisión para todas las naciones
entre las que nos has dispersado.
Reconozco la justicia de tus juicios
cuando me castigas por mis pecados
y los de mis padres,
porque no hemos obedecido tus mandatos,
no hemos sido fieles en tu presencia.
Haz conmigo lo que quieras,
manda que me arrebaten la vida,
que desaparezca de la faz de la tierra
y a la tierra vuelva de nuevo.
Más me vale morir que vivir
porque se mofan de mí sin motivo
y me invade profunda tristeza.
Manda que me libre, Señor, de tanta aflicción,
déjame partir a la morada eterna.
Señor, no me retires tu rostro.
Mejor es morir que vivir en tal miseria
y escuchar tantos ultrajes» (3,1-6).

Así como Tobit se ha presentado como un hombre irreprensible ante Dios y como un auténtico modelo de creyente, del mismo modo vamos a descubrir que su plegaria, nacida de una situación angustiosa, es también ejemplar canto, tanto en su oportunidad como en su contenido, en motivaciones y contenidos. A esos aspectos vamos a prestar atención en este momento. Descubriremos, primero, que, frente a todo lo que acontece, Tobit responde con la oración; continuaremos explorando la validez de esta oración; nos preguntaremos acerca de la conciencia del orante, no como individuo, sino como pueblo; finalizaremos señalando la altura mística y ética de la oración en la proclamación de la voluntad de Dios ante todo.

Primera mirada: la reacción tras el drama, ¡a rezar!

No debería sorprendernos la reacción de Tobit tras el duro golpe que ha recibido por parte de su mujer cuando ha cuestionado el valor de todas sus acciones pasadas siendo fiel al Señor. Es del todo lógico que, si tenía que ser un personaje de las Escrituras Sagradas del pueblo, fuera uno al que se pudiera imitar. Y, en efecto, Tobit, una vez más, se convierte en modelo de creyente fiel y reacciona rezando.

Esto es así porque pone en valor la fe del rey David cuando cantaba: «Cuando uno grita, el Señor lo escucha y lo libra de sus angustias» (Sal 33,18).

Tobit advierte al lector de que su tristeza es grande cuando comienza a orar. De hecho, las palabras con las que define su situación interior denotan un alcance total que imprime en la persona una marca muy fuerte. La tristeza se ha apoderado de su alma, «la ha llenado», dice explícitamente el narrador. Y parece un contrasentido que así sea, pues el alma es la forma en la que el individuo expresa lo máximo de su persona, es la manera de manifestar que no hay un resquicio del ser que no haya quedado afectado. Y si lo que ha llenado a Tobit es la tristeza, ¿cómo entonces quedará lugar para el Señor? Un alma llena de tristeza es un alma impedida para la acogida de la gracia.

Cuando san Pablo anima a los cristianos de Filipos a la alegría, les dice: «Alegraos siempre en el Señor; os lo repito, alegraos» (Flp 4,4). Les está hablando de la esperanza cierta de que el Señor ha de venir. Y los está previniendo de aquellos que no solo no han conocido al Señor, sino de los que, conociéndolo, lo han despreciado y por eso tratan mal a los creyentes. En definitiva, san Pablo exhorta a la alegría en medio de la tribulación que supone la persecución. Las palabras del Apóstol no son una recomendación, sino un imperativo. La alegría es un compromiso por parte de los creyentes y está íntima e indisolublemente ligada a la esperanza. Por eso, el anuncio de la venida del Señor y su triunfo sobre el mal es el fundamento de la alegría cristiana y su condición de posibilidad: es decir, si podemos estar alegres, no es porque nos empeñemos en ello ingenuamente, sino porque tenemos la certeza de que no hay mal que Jesús no haya vencido ya con su muerte y resurrección.

En el caso de Tobit, sin embargo, en primera instancia parecería que no hay esperanza. Se expresa la tristeza total, lo contrario a la alegría, como si el hombre se hubiera dejado vencer por las circunstancias y renunciara ya a esperar en Dios y, por tanto, renunciara a su fe. Pero no es así: los gemidos y sollozos de Tobit son la voz del que sufre, pero no del que duda. Su dolor tiene una dirección objetiva: Dios. Hay palabra, y esta va dirigida a Alguien a quien se confía que escucha, a pesar de ese dolor. La esperanza de Tobit en el Señor no ha sido vencida, aunque sí ha sido vencida la esperanza en que le sea restituida su situación anterior.

Nuestra fe se tambalea a veces también entre la esperanza y la tristeza, entre la certeza de la fe y la desconfianza en un futuro mejor. Ante un gran problema, muchos cristianos permiten que la oscuridad extienda su manto sobre ellos impidiéndoles ver con claridad que más allá del dolor está la salvación de Dios. A nosotros, tocados en el corazón por Jesucristo resucitado, nos ha sido dada la esperanza como pilar fuerte sobre el que asentar el edificio de nuestra vida, y como palabra de ánimo para los decaídos.

Cuando el sacerdote encabeza la oración, especialmente la de la eucaristía, pone todo su corazón y toda su alma en ello. Y toma conciencia de que va delante del pueblo, pero de un pueblo que tal vez experimente el desaliento y no poca tristeza. No se trata de hacer un ejercicio de mímesis y dejar que esa tristeza llegue a afectarle; el sacerdote mantiene firme la esperanza, y por ello Dios le refuerza la alegría. Sin embargo, esa alegría no se manifiesta en él como euforia que desenfoca la realidad que tiene delante, una realidad plagada de otras tristezas a las que hay que sanar con el don de la esperanza que nos da la fe en Cristo resucitado. ¡Qué hermoso ministerio el del sacerdote!

Segunda mirada: ¿por qué damos por buena esta oración?

Nos hacemos esta pregunta porque si el punto de partida es la tristeza y la aparente desesperanza, también podríamos pensar que la oración de Tobit no es buena. Ciertamente, contemplar a un hombre que pide su propia muerte, su acabamiento, no parece una actitud muy santa. Pero veamos un poco más allá.

Tobit se ha presentado como un orante. Uno herido, profundamente lastimado en el alma, pero orante. Sin embargo, desde el principio sabe que él no es el protagonista de su oración. Es hermoso caer en la cuenta de que el dolor no ha oscurecido del todo su idea de Dios, pues en su oración comienza haciendo una profesión de fe, y es la misma fe que ha animado cada día de su vida y ha promovido cada una de sus acciones misericordiosas con sus compatriotas.

Eres justo, Señor, y justas son tus obras;
siempre actúas con misericordia y fidelidad,
tú eres juez del universo (3,2).

La oración auténtica comienza así, confesando a Dios, poniéndolo en el centro, conociéndolo en cada circunstancia de la vida. Esto nos trae una enseñanza muy importante a nivel espiritual y que tiene un grandísimo poder si sabemos aplicarla a nuestro día a día: Dios no cambia; en todo caso, habré cambiado yo, no él. Tobit ha vivido tiempos mejores, como Job. Ambos tienen en común haber conocido una vida recta y haber vivido holgadamente y sin grandes problemas. Y en esa circunstancia oraban y celebraban, conocían a Dios y hablaban de él tanto en su fuero interno como a sus compatriotas. Pero algo ha cambiado: ha cambiado su circunstancia, se ha estrechado su camino y han gustado –Tobit y Job– el dolor y el sufrimiento. Ahora su oración, evidentemente, tiene su origen en otro lugar de sus corazones, pero va dirigida al mismo Dios. Y eso no pueden olvidarlo.

También Jesús experimenta este mismo momento existencial y psicológicamente tan controvertido: ha vivido un baño de masas en el que ha hablado a Dios Padre y ha predicado a Dios Padre. ¿Quién será Dios cuando esté colgado de una cruz? Todo ha cambiado para Jesús, incluso los suyos le han abandonado, pero hay algo que no cambia: Dios sigue siendo Padre hasta el final: «Padre, perdónalos, porque no saben lo que hacen» (Lc 23,34).

Por eso la oración de Tobit es buena, porque, en su oración, Dios sigue siendo Dios, aunque él haya cambiado, aunque su mundo se haya derrumbado. La tribulación y el contratiempo son, en la experiencia de Tobit, circunstanciales y no van a tener el poder de destruir su fe. Más aún, lo que verdaderamente lamenta Tobit y manifiesta en su plegaria no es ni tan siquiera eso que él mismo está sufriendo en cuanto pérdidas materiales o físicas, pues ha sido privado de sus bienes y ahora de su visión. Lo que mueve el lamento de este hombre y hace germinar en él la tristeza es la falta de fe de quienes lo rodean: «Mejor es morir que vivir en tal miseria y escuchar tantos ultrajes» (Tob 3,6). Tobit alude a quienes se mofan de él por haber tenido fe en Dios, señala a aquellos que lo ultrajan en nombre de un Dios en quien ha depositado su confianza. No duda ni reprocha a Dios lo que le ha sucedido, sino que sufre porque, a causa de su desgracia, otros pierden la esperanza en Dios y vacilan en su fe.

La plegaria de Tobit es fascinante porque nace en un corazón absolutamente descentrado de sí mismo que persigue un único objetivo: la confesión de la Providencia divina y su presencia santificante en la historia del mundo. Su centro es Dios. Y cuando él mismo ha sido testigo de que los suyos –incluso su esposa– han titubeado, dudado y renegado del don de Dios, entonces la oración de Tobit expresa amargura por ello. Es el dolor del hombre creyente que sufre por la increencia de su pueblo y más aún porque él mismo es el vehículo de esa increencia, mucho más que el receptor de los ultrajes, pues en su conciencia los ultrajes van dirigidos, en el fondo, al Dios al que ama y en el que confía. Por eso Tobit reza apasionadamente incluso realizando un gesto de enorme generosidad espiritual, como vamos a ver a continuación.

Tercera mirada: la conciencia de pueblo en la que no hay individuo

Otro elemento maravilloso de la espiritualidad de Tobit de gran valor para nosotros es su conciencia de pueblo. Esto significa que todo está conectado en Dios. De sobra sabe en su corazón que él no ha hecho nada que merezca un castigo y, sin embargo, en su plegaria asume una culpa que es la del pueblo, porque es su pueblo. Bien sabe Tobit que forma parte de una historia y es garante y responsable de una tradición que va más allá y de la que él solamente es una parte ínfima. Es, como lo será en Cristo, un sacrificio vicario.

Hoy en día este rasgo espiritual y vital es muy difícil de comprender y más todavía de vivir con coherencia. Resulta que nuestro mundo ha escorado tremendamente hacia el individualismo más radical. El individuo se constituye en el centro de la historia personal y deja de reconocer el protagonismo de los otros. Asistimos constantemente a reclamaciones de respeto por las decisiones individuales, y esa dinámica lleva incluso a los legisladores a legitimar acciones aberrantes y contemplarlas como legales: aborto y eutanasia como exponentes máximos de esto mismo, bajo la idea de que yo soy yo y hago conmigo lo que me viene en gana.

La fe judeo-cristiana no comprende al individuo si no es conectado a los demás y entre todos a Dios. Y esto ha de despertar nuestra conciencia de comunión, pues en el fondo es de lo que se trata. Somos imagen de un Dios trino, un solo Dios y tres Personas divinas en cuya naturaleza está la dinámica del amor. Somos imagen de un Dios que está amando en la eternidad, y por eso no podemos comprendernos aisladamente, pues dejamos de comprendernos conforme Dios nos ha constituido y creado: para el amor.

Ante el abrumador ataque de la tentación, que trata de convencernos de que es legítimo reclamar lo mío, el antídoto es la comunión; ante el empuje brutal de la tentación de mirar primero por mí, el antídoto es la comunión; ante la segadora seducción de la autocomplacencia, el antídoto es la comunión. Somos seres en comunión y para la comunión. Eso nos define. Somos misterio de comunión porque somos uno, somos hermanos y somos hijos. Comunión conmigo mismo, con el otro y con Dios.

Cuarta mirada: haz de mí lo que tú quieras

Esta primera plegaria de Tobit parece que no acaba muy bien. Habrá otras oraciones a lo largo del libro, ya las veremos. Es un libro muy rico en espiritualidad y en poesía orante. Pero esta parece que no acaba muy bien.

> Haz conmigo lo que quieras,
> manda que me arrebaten la vida,
> que desaparezca de la faz de la tierra
> y a la tierra vuelva de nuevo (3,6).

El hombre afligido acude al Señor con confianza. Sabe que lo que ha motivado su sufrimiento ha sido su infidelidad, y que lo que ahora le pasa no ha sido causado por un Dios caprichoso o desinteresado, sino por los pecados de todo el pueblo. Por eso no se ve capaz de vencer la causa de su dolor. Él no puede. No ve solución, así que aparentemente se rinde y tira la toalla: «Manda que me arrebaten la vida». Sin embargo, la plegaria de Tobit contiene un germen de humildad y de superación capaz de transformarlo todo: «Haz conmigo lo que quieras». Jesús dirá lo mismo en el huerto de los Olivos, y cuando enseñe a rezar a los suyos colocará en el centro de su oración esta misma idea. El verdadero ejercicio de la libertad es cumplir la voluntad de Dios.

Ahora bien, ¿cuál es la voluntad de Dios? Parece que incluso a los hombres más santos les cuesta en primera instancia reconocer lo que Dios está pidiendo en cada momento. Más aún cuando las cosas se ponen feas. Y es el caso de Tobit. Sí, quiere ser fiel a Dios y cumplir su voluntad, pero todavía no sabe interpretarla bien y confunde el designio de Dios con un camino de muerte. Pero ¿acaso puede desear Dios la muerte de uno de sus hijos?

Este interrogante nos traslada de lleno ante la cruz de Cristo y nos deja contemplando una gran paradoja. El Hijo único de Dios, el justo entre los justos, muerto en cruz a manos de sus enemigos. ¿Cuál es la diferencia con lo que está pidiendo Tobit? La plegaria de Tobit nace del dolor y apunta a la derrota, y ante la presencia de Dios no hay nada noble en ello, porque Tobit aún no ha completado su proceso al no haber comprendido en profundidad quién es Dios para él. En Jesús, por el contrario, su muerte no es una derrota, sino el triunfo del amor; no es la victoria de los impíos, sino el sacrificio vicario del Hijo amante y generosamente entregado por la salvación de todos; y no apunta al final, sino que inaugura algo nuevo.

Cuando Tobit comprenda el amor de Dios, entonces su muerte podrá venir de parte de Dios. Si llega antes, entonces no será Dios quien se la procure ni se la ofrezca. Por eso nuestra espera y nuestro aguante en la tribulación tienen sentido, porque Dios no busca el exterminio del hijo, sino su plenitud y su salvación. De ahí esta firme convicción de que la resignación no es cristiana, como se ha dicho antes. El resignado espera la muerte sin parpadear. No se lamenta, no. Y eso podría entenderse como virtud de humildad, pero en el fondo ese silencio no ha llegado a convertirse en fe que apacigua y serena el corazón, que lo conforta y le da sentido. En definitiva, que le devuelve la vida y la alegría.

La oración de Tobit, finalmente, será escuchada, pero no como él cree. La Providencia divina supera toda expectativa humana y va siempre mucho más allá de lo que el propio hombre pueda llegar a imaginar. Pero eso lo veremos más adelante.

6

LOS CAMINOS DEL SEÑOR, LOS TIEMPOS DEL SEÑOR. SALVA DIOS, Y LO HACE A SU MODO

El libro de Tobías, como sucede muy a menudo en la Sagrada Escritura, presenta una historia doble de la acción providente y misericordiosa de Dios en favor de sus hijos, con lo que algunos hoy considerarían un justo ejercicio de «paridad». Hasta este momento hemos asistido a una de las historias, la del justo Tobit, que, habiendo sufrido el destierro en Nínive a causa de los pecados del pueblo, ha sido privado de la luz de sus ojos padeciendo una ceguera severa por un infortunado accidente. Una circunstancia que lo ha sumido en la tristeza no solo por lo que significa haber perdido la vista, sino porque además es injuriado por su propia esposa y cuestionado en lo más profundo de su fe.

Ahora el relato nos va a trasladar a otro escenario, porque el narrador quiere presentarnos una segunda historia que va a estar íntimamente conectada con la primera por varios motivos. Se trata de la historia de Sara, hija de Ragüel. Una mujer joven que ve impedido que se cumpla su propósito en la vida.

Este díptico de gracia es frecuente en la Escritura y nos asoma a una primera intuición maravillosa del propio ser de Dios: en su corazón todos somos merecedores de su gracia. El hombre y la mujer, indistintamente, destinatarios del amor de Dios.

El texto:

Sucedió aquel mismo día que Sara, hija de Ragüel, el de Ecbatana, en Media, fue injuriada por una de las criadas de su padre, porque había tenido siete maridos, pero el malvado demonio Asmodeo los había matado antes de consumar el matrimonio, según costumbre. La criada le dijo: «Eres tú la que matas a tus maridos. Ya te has casado siete veces y no llevas el nombre de ninguno de ellos. ¿Por qué nos castigas por su muerte? ¡Vete con ellos y que nunca veamos hijo ni hija tuyos!». Entonces Sara, llena de tristeza, subió llorando al piso superior de la casa con el propósito de ahorcarse. Pero, pensándolo mejor, se dijo: «Solo serviría para que recriminen a mi padre. Le dirían que su hija única se ahorcó al sentirse desgraciada. No quiero que mi anciano padre baje a la tumba abrumado de dolor. En vez de ahorcarme, pediré la muerte al Señor para no tener que oír más reproches en mi vida». Entonces extendió las manos hacia la ventana y oró así: «Bendito seas, Dios misericordioso, y bendito sea tu nombre por siempre; que tus obras te bendigan por los siglos. Hacia ti levanto mi rostro y elevo mis ojos a ti. Hazme desaparecer de la tierra para no soportar más injurias. Tú sabes, Señor, que soy virgen, libre de contacto con varón. No he mancillado mi nombre ni el de mi padre en este destierro. Soy hija única y mi padre no tiene otro hijo que le herede, ni tiene pariente próximo o familiar a quien me entregue por esposa. Siete maridos se me han muerto. ¿Para qué seguir viviendo? Y si no quieres mi muerte, Señor, manda que me miren con benevolencia y tengan misericordia de mí, para que no escuche más insultos». En aquel instante, la oración de ambos fue escuchada delante de la gloria de Dios, el cual envió al ángel Rafael para curarlos: a Tobit, para que desaparecieran las manchas blanquecinas de sus ojos y pudiera contemplar la luz de Dios; a Sara, hija de Ragüel, para darla en matrimonio a Tobías, hijo de Tobit, liberándola del malvado demonio Asmodeo. Tobías tenía más derecho a casarse con ella que cuantos la habían pretendido. Tobit regresaba entonces del patio a casa y Sara descendía del piso superior (3,7-17).

En esta reflexión vamos a centrar nuestra atención en tres detalles que considero muy enriquecedores para nuestra espiritualidad y para nuestra vida y misión en la Iglesia. En primer lugar, prestaremos atención a las indicaciones de tiempo; seguiremos fijándonos en el anhelo de fecundidad de Sara; finalmente, echaremos un vistazo a su oración, como hicimos con la primera oración de Tobit.

Primer detalle: el tiempo del hombre
no es el tiempo de Dios

No es nada casual que la narración se siga con la mención del día. Se trata del mismo momento, como señala literalmente el texto, aunque nuestra traducción utiliza tres expresiones distintas: «En aquel mismo día» (3,11), «en aquel instante» (3,16) y «entonces» (3,17). En el griego del relato original esto se dice de la misma manera: *en auto tō kairō,* «en el mismo momento».

Para nosotros, los lectores, el tiempo es diferente, porque lo contemplamos desde fuera. En ese sentido participamos de un atributo divino –la omnisciencia– con respecto a los protagonistas de la historia, porque ellos no pueden ver lo que nosotros vemos. Sabemos lo que le está pasando a Tobit y ahora sabemos que «en el mismo momento» y muy lejos de Nínive le está pasando algo similar a otra persona, a Sara. Estas indicaciones recurrentes en el texto son la insistencia por parte del autor de una gran verdad de nuestra fe: la Providencia divina. ¿Qué es la Providencia? ¿Cómo actúa y cómo se hace notar en la vida de las personas? A estas preguntas trata de responder el libro de Tobías sin utilizar grandes razonamientos, sino exponiendo un caso particular de la acción providente de Dios.

Dios asiste a sus hijos que claman a él. Las dificultades humanas, que nos parecen insalvables, son para Dios apenas anecdóticas y en nada limitan su acción misericordiosa. Tobit está en Nínive; Sara, en Media. Entre ellos ni siquiera se conocen; más aún, Sara ni siquiera sabe de la existencia de aquellos parientes suyos. Pero todo eso para Dios no supone ninguna limitación.

Trayendo a nuestra vida cotidiana esta circunstancia, es bueno que contemplemos con humildad la acción de la Providencia de Dios. No lo sabemos todo, ni mucho menos. Pero eso no quiere decir que las cosas sean solamente como nosotros las conocemos, ni las humanas ni las divinas. La realidad es la que Dios ha creado y, por tanto, la que Dios conoce y poco a poco nos va revelando. Y de esta contemplación emana como en una fuente viva la confianza en el plan de Dios. Además, una confianza capaz de desvanecer por completo los miedos, todo aquello que nos paraliza porque nos causa inseguridad. Dios suple con su gracia todo cuanto no alcanzamos por nuestras limitaciones. A eso lo llamamos Providencia divina y es un manantial de serenidad y de paz. Más aún, porque ya en el plan de Dios subyace una solución que va a la raíz del mal, porque lo conoce. A uno y a otro, a Tobit y a Sara, le hieren las injurias de las que están siendo objeto, y bien podrían calmarse si estas cesasen finalmente. Sin embargo, Dios no proveerá el final de las injurias, sino la causa raíz por las que están siendo injuriados: por eso Dios «envió al ángel Rafael para curarlos: a Tobit, para que desaparecieran las manchas blanquecinas de sus ojos y pudiera contemplar la luz de Dios;

a Sara, hija de Ragüel, para darla en matrimonio a Tobías» (3,17). La acción de la Providencia de Dios actúa en el fondo, aunque el hombre a menudo se quede en la superficie, incluso cuando la plegaria no alcanza a comprender el trasfondo de la propia existencia y expresa solamente la apariencia de lo que vive y aquello por lo que sufre. Dios, en cambio, que conoce con total nitidez el corazón humano, sabe mejor que el propio hombre lo que necesita en cada momento.

Santa Edith Stein dejó escrito un pensamiento muy hermoso que bien podemos hacer nuestro: «Lo que no estaba en mi plan estaba en el plan de Dios. Y cada vez que me sucede algo así, tanto más viva se convierte dentro de mí la convicción de que –visto desde Dios– no existe la casualidad».

Segundo detalle: el anhelo de fecundidad de Sara

Este me parece un tema verdaderamente central de la historia, aunque narrativamente pasa como un simple apunte. No lo es. Ni para Sara ni para nosotros.

En la mentalidad del pueblo de Israel –antes como ahora–, la fecundidad es una bendición de Dios, y la esterilidad es la consecuencia del pecado y, por tanto, se considera maldición. De modo que el hecho de que Sara no llegue a concebir hijos constituye un auténtico drama. Uno muy grande. Y en eso la mujer es presentada en paralelo con Tobit, que está viviendo su drama particular, siendo, como es Sara, un justo. Ambos comparten ser justos, estar atribulados y ser injuriados.

El caso de la infecundidad de Sara la lleva a la desesperación hasta el punto de tomar la determinación de quitarse la vida, porque ya no le encuentra sentido. Si nos paramos a pensarlo, la cosa es muy dura: alguien que ha perdido la esperanza y no le ve sentido a su existencia se desliza por el resbaladizo abismo de la muerte. Pero cuando Sara se hace una composición de lugar y visualiza a su padre anciano, detiene su plan aniquilador precisamente porque no puede dejar a su padre sin su hija única. De modo que lo mismo que la tiene desesperada va a ser la causa que la mantenga con vida. Es decir, la fecundidad de su padre se ha manifestado en ella; ella es el regalo que Dios ha hecho a su padre, y este regalo no le puede ser robado por nadie, menos por ella, que ansía ser agraciada de la misma forma.

¿Qué lectura hacemos hoy del anhelo de fecundidad de Sara? Cuando viví en Israel, veía a diario a las mujeres jóvenes judías caminar por la calle llevando un carrito de bebé, un par más de niños pequeños caminando con ellas y, con bastante frecuencia, embarazadas. En otras palabras, todavía hoy las familias israelíes comprenden la fecundidad como una bendición y tienen muchos hijos..., aunque tal vez en la actualidad las motivaciones estén mezcladas con otras cosas...

Nuestra opción es diferente, y no. Quiero invitar a traer este anhelo de fecundidad a nuestras obras, a nuestros propios carismas y a nuestra espiritualidad. Formando parte de una familia religiosa, no solamente nos hemos consagrado a una tarea o una misión; no solamente estamos llamados a cumplir nuestras reglas con fidelidad y a obedecer a nuestros superiores legítimos con ánimo y alegría. Compartimos el compromiso de la fecundidad. A través de nuestro testimonio de entrega al Señor estamos llamados a presentarnos ante el mundo como pregunta y como llamada. Dios está llamando a través de nuestras vidas a otros jóvenes a que le sigan entregándose a él en la Iglesia a través de nuestro carisma. Ahora bien, también he reflexionado mucho acerca de esto, porque en ocasiones nuestra congregación puede caer en el mismo error que estaba cayendo la familia de Sara con su empeño por hacer de ella una mujer fecunda. ¡La habían casado siete veces! Un número que en la Biblia indica algo simbólico y que tiene que ver con la totalidad y la plenitud. Es decir, lo habían intentado todo. Y también a nosotros nos puede pasar: lo hemos intentado todo y ni siquiera se ha podido consumar el matrimonio, porque ha intervenido un poder externo que lo ha hecho imposible; o, dicho de otro modo, nuestros planes para que nuestras diversas misiones o nuestras estrategias vocacionales o apostólicas, evangelizadoras, acaban dando poco o ningún fruto, al menos aparente y cuantificable, según nuestros criterios humanos.

Y lo que sucede a un religioso puede suceder también a todo bautizado: nos comprometemos en nuestra parroquia o en nuestro movimiento o asociación y entregamos tiempo, esfuerzos, creatividad, sacrificando muy a menudo el estar más con los nuestros o simplemente dedicándonos a nosotros mismos. Y lo probamos todo porque acogemos como válidos todos los planes pastorales, las iniciativas solidarias, las invitaciones a momentos de oración y recogimiento. Todo ello, desde luego, legítimo y válido. Sin embargo, muy a menudo no llegamos a «cuantificar» objetivamente los resultados: no vemos los hijos que nos van naciendo por todo lo que hacemos. No vemos la fecundidad. ¿Qué ha sucedido?

La familia de Sara, como ella misma, parece que ha olvidado algo importante: es Dios quien toma la iniciativa. Los demás somos solo servidores. «Si el Señor no construye la casa, en vano se cansan los albañiles» (Sal 126,1). Por eso, todos los planes que aspiren a multiplicar el don recibido del Señor tienen que partir necesariamente de la confianza en su divina Providencia y saber que quien dirige la obra es él. Así lo va a experimentar Sara cuando intervenga el Señor a través de Rafael, y este tiene que ser nuestro punto de partida en cualquier acción que nos planteemos, tanto a nivel personal como comunitario o parroquial. Dios en medio. Dios por delante.

Esta última reflexión no es solo un bonito discurso. La vida del religioso como la de cualquier bautizado está llamada por naturaleza a la fecundidad, porque, al profesar los votos de forma definitiva, promete velar por el patrimonio de la Orden. ¡También el humano! Y tampoco es palabrería hablar de Providencia, porque afirmar que Dios dirige la obra significa que mi corazón entero le pertenece a él y solo a él. Y eso tiene que reflejarse en cada una de las acciones de mi vida. Así solo podrá convertirse en fecunda una comunidad religiosa, cuando el mundo la contemple como un auténtico espacio de consagración, es decir, de inmersión en la sacralidad de Dios. Vale lo mismo para el laico: en medio del mundo somos de Dios, y el corazón entero pertenece a él para que lo vuelque en aquellos que ha ido poniendo a mi lado en cada ocasión.

Tercer detalle: la oración de Sara

A ti levanto mis ojos,
a ti que habitas en el cielo.
Como están los ojos de los esclavos
fijos en las manos de sus señores,
como están los ojos de la esclava
fijos en las manos de su señora,
así están nuestros ojos

en el Señor, Dios nuestro,
esperando su misericordia.
Misericordia, Señor, misericordia,
que estamos saciados de desprecios;
nuestra alma está saciada
del sarcasmo de los satisfechos,
del desprecio de los orgullosos (Sal 122,1-4).

Sara eleva las manos hacia el Señor, dirige a él su mirada. Si Tobit había perdido la capacidad de ver con sus ojos, Sara ha perdido la alegría de vivir, pero acude al Señor extendiendo a él sus manos.

El gesto resulta muy elocuente, pues la mujer expone unas manos vacías que desea llenar con el abrazo del hijo que no llega. Así que, con las manos vacías, se pone en las manos de Dios. Y esta oración desvela quién es Dios para la fiel Sara.

Sara inicia su oración con una triple bendición a Dios:

Bendito seas, Dios misericordioso,
y bendito sea tu nombre por siempre;
que tus obras te bendigan por los siglos.

Primero dirige su mirada a «Dios misericordioso», y con ello deja claro que en su corazón no hay ningún atisbo de duda ni rencor contra él. En modo alguno Sara señala a Dios como el culpable de lo que le pasa, pues Dios es misericordioso.

En segundo lugar, bendice «su nombre», que es lo mismo que bendecir a Dios. El nombre de Dios ha sido un don que él mismo ha dado a su pueblo. Nadie es capaz de conocer ni alcanzar el nombre de Dios por sí mismo si él no se lo revela. Jesús enseñará a sus discípulos esto mismo: «Nadie conoce al Hijo más que el Padre, y nadie conoce al Padre sino el Hijo y aquel a quien el Hijo se lo quiera revelar» (Mt 11,27). El orante reconoce que su propia oración, dirigida a Dios, nace a su vez en el corazón de Dios, y en la propia mente y en los labios del que reza no es más que el reflejo de lo que primero Dios le ha ofrecido. Es entonces cuando la oración adquiere una autenticidad santificante, cuando el que reza se sabe en conexión con Dios y se sabe un canal por el que fluyen las palabras, los pensamientos, los sentimientos que Dios le ha susurrado al corazón.

En tercer lugar, Sara bendice a Dios a través de todas las criaturas del Señor, para que sean ellas, como si fueran seres inteligentes, las que eleven su voz bendiciéndole «por los siglos».

Después de alabar y bendecir a Dios convirtiéndose en receptora de su gracia, Sara eleva una súplica: «Hazme desaparecer de la tierra para no soportar más injurias» (3,13). Desvela el verdadero motivo de su desgracia. No es ya la infecundidad ni que sus desposorios hayan fracasado reiteradamente, sino las injurias. Lo que de verdad ha minado su esperanza han sido las injurias, y así lo recalca cuando sigue orando y afirmando ante Dios: «Tú sabes, Señor». Solo Dios conoce en profundidad el corazón de cada persona y solo él puede ser el juez de las acciones de uno. Por eso a Sara no le queda nadie a quien apelar sino a él. Y en esto conecta poderosamente con Tobit, que había sido injuriado y que a causa de esas injurias llegaba a pedir también él la muerte. El texto griego de la Biblia de los LXX deja clara esta conexión a través del uso reiterado del verbo *oneidizō,* injuriar, que menciona Tobit en 3,6 y que Sara utiliza hasta en tres ocasiones en el mismo capítulo, en los vv. 7, 13 y 15. Esta recurrencia pone sobre la pista al lector de que para la joven experimenta una gran aflicción por esta circunstancia que tanto dolor le causa.

En la vida cotidiana, con cierta frecuencia me encuentro con personas que lamentan haber caído en la tentación de la difamación, de la murmuración y de las injurias contra otras personas. Cuando desde la fe toman conciencia de haberlo hecho, se arrepienten y piden perdón por ello. Y es algo que me edifica mucho, porque manifiesta un corazón abierto a la misericordia con los hermanos, que es una cosa muy difícil. Lo fácil es ver lo que los otros hacen mal, dónde yerran o dónde recaen torpemente. Eso no es pecado, es decir, ser testigo de los errores ajenos no nos convierte en pecadores. Donde sí acontece el pecado es en lo que hacemos con esa observación. Sara se siente indefensa ante la injusticia de haber sido juzgada y condenada por algo de lo que ella no es culpable, pero que han cargado sobre sus espaldas sin conocerla. Dios solo la conoce: «Tú sabes, Señor», le dice a Dios en su oración. Y todos los demás solamente ven lo que sucede por fuera, pero no por dentro, como el Señor que ha creado cada corazón. La oración de Sara, como la de Tobit, terminará encomendándose a Dios. Ella le dice al Señor: «Si no quieres mi muerte», y empieza a vislumbrar una alternativa en la que aquellos que la injurian se vuelvan misericordiosos. ¡Ahí está su grandeza! En medio de su dolor apela al Único que puede ayudarla a transformar su realidad convirtiendo los corazones de los que la hieren. Es fascinante una fe tan grande, pues ante los enemigos no pide revancha, ni una justicia de parámetros humanos, ni mucho menos venganza; lo que le pide al Señor es que esos que la quieren mal se vuelvan como Dios, misericordiosos.

Nuestra oración debe estar firmemente comprometida con todas las personas a esta misma altura de santidad que aquí nos propone la oración de Sara en el libro de Tobías. Una oración en la que nunca juzguemos a nadie, pues a nadie conocemos como Dios lo conoce; una oración en la que nos pongamos en las manos del Señor, que es providente; y una oración en la que aquellos que nos han hecho cualquier tipo de agravio estén llamados a la conversión, pero no según mi corazón, sino según el corazón de Dios, que es misericordia.

7

LO QUE DE VERDAD TIENE VALOR. LOS MANDAMIENTOS DE TOBIT

Lo que de verdad tiene valor es buscar al Señor con sincero corazón, es obedecer sus leyes, es ser fiel a sus decretos y orientar la vida conforme a sus designios. Tobit lo ha vivido así a lo largo de toda su vida, como nos ha dicho al inicio del libro, y es del todo comprensible y justo que su legado para su hijo sea mucho más que un puñado de monedas, un patrimonio más o menos rico o un estatus acomodado. Lo que Tobit va a legar a su hijo va mucho más allá y trasciende el valor de las cosas, porque no tiene un valor acordado, sino que vale por sí: Tobit lega a su hijo el amor a Dios y a su Ley.

Vamos a contemplar en esta meditación esta dimensión íntima del corazón de un padre que se abre para que su hijo llegue a experimentar la misma gracia que él ha vivido, porque no encuentra nada que valga la pena más que estar con Dios.

El texto:

> Aquel mismo día, Tobit se acordó del dinero que había depositado en casa de Gabael, en Ragués de Media, y pensó para sí: «He pedido la muerte. ¿Por qué no llamo a mi hijo Tobías para informarle sobre el dinero antes de morir?». Lo llamó y, cuando se presen-

tó, le dijo: «Cuando muera, dame digna sepultura. Respeta a tu madre, no la abandones mientras viva. Complácela, no entristezcas nunca su corazón. Recuerda, hijo, que sufrió por ti muchos peligros mientras te llevaba en su seno. Cuando ella muera, entiérrala junto a mí, en el mismo sepulcro. Hijo, acuérdate del Señor todos los días. No peques ni quebrantes sus mandamientos. Pórtate bien toda tu vida. No vayas por caminos de iniquidad, pues si obras la verdad tendrás éxito en tus empresas, igual que los que obran la justicia. Da limosna de cuanto posees; no seas tacaño. No apartes tu rostro ante el pobre y Dios no lo apartará de ti. Da limosna en la medida que puedas; si tienes poco, no te avergüences de dar poco. Así acumularás un tesoro para el día de la necesidad. La limosna preserva de la muerte y libra de caer en las tinieblas. Dar limosna es una ofrenda agradable para cuantos la hacen delante del Altísimo. Guárdate, hijo, de la fornicación. En primer lugar, cásate con una mujer de la familia de tus padres. No te cases con una que sea ajena a nuestra tribu, porque somos descendientes de profetas. Recuerda, hijo, que Noé, Abrahán, Isaac y Jacob, nuestros antepasados, se casaron con mujeres de su propia parentela y fueron bendecidos con hijos, de suerte que su descendencia heredará la tierra. Hijo, ama a tus parientes. No seas soberbio al tomar mujer de entre las hijas de tu pueblo. La soberbia acarrea inquietudes y ruina. La pereza conduce al hambre y a la pobreza. La pereza es madre de la miseria. Paga a tus obreros su jornal el mismo día; no retengas ni una noche el dinero de nadie. Si sirves a Dios en verdad, él te recompensará. Pon cuidado, hijo, en toda tu conducta, compórtate con educación. No hagas a nadie lo que tú aborreces. No bebas con exceso, no te aficiones a la embriaguez. Comparte tu pan con el hambriento y tu ropa con el que está desnudo. Si algo te sobra, dalo con generosidad al pobre, y que tu ojo no mire cuando des limosna. Ofrece tu pan sobre las tumbas de los justos; no lo des a los pecadores. Busca el consejo de los sensatos; no desprecies los buenos consejos. Alaba al Señor Dios en todo tiempo, ruégale que oriente tu conducta. Así tendrás éxito en tus empresas y proyectos. Porque ningún pueblo es dueño de sus proyectos, sino solo el Señor, que da todos los bienes según le place o abate hasta el fondo del abismo. Recuerda, hijo, estos preceptos, no los olvides jamás. Debo decirte, por otra parte, que tengo depositados unos trescientos cincuenta kilos de plata en casa de Gabael, hijo de Gabrí, en Ragués de Media. No te preocupes de que hayamos caído en la pobreza: serás muy rico si temes a Dios, evitas todo pecado y haces lo que agrada al Señor, tu Dios» (4,1-21).

Tobit cree que se está muriendo. Se ha deseado la muerte, la ha pedido al Señor, y como Dios siempre es fiel y cumple, Tobit se adelanta para que el momento no le sorprenda sin estar preparado o sin haber preparado a du hijo. Lo propio que debe hacer todo buen padre antes de morir es legar su testamento a los suyos, de modo que Tobit, acordándose de un dinero que había prestado a un pariente suyo, hace heredero universal a su hijo único Tobías.

Hasta aquí el relato resulta de una gran lógica, muy comprensible para cualquier cultura y cualquier tiempo. Sin embargo, en este momento Tobit se va a convertir en un auténtico maestro de sabiduría en nada envidiable a cualquier otro gran maestro del Antiguo Testamento: Jacob (Gn 49,1-27), Moisés (Dt 33,1-29), Josué (Jos 24,1-27), David (1 Re 2,1-9), Matatías (1 Mac 2,49-68). Lo que va a legar a su hijo no será solamente una herencia material que le ayude a vivir con dignidad –y hasta con holgura, porque la cantidad no es nada desdeñable–, sino que le va a legar lo más importante: el conocimiento de lo bueno, según los designios de Dios. Ahí reside precisamente la sabiduría, en la capacidad de comprender con naturalidad el plan de Dios.

Nosotros vamos a acercarnos con respeto reverencial al testamento que Tobit legó a su hijo Tobías, haciéndonos también cada uno hijos que acogen como un auténtico don este elenco de consejos sabios de un hombre que está al borde de la muerte y que tantos siglos después siguen de auténtica actualidad. El legado de Tobit para su hijo Tobías se organiza como en cuatro círculos concéntricos en torno a una sola idea, la alabanza al Señor, su Dios, y en ella encuentra el fundamento para todos los comportamientos que le está sugiriendo como propios de un hombre recto y justo. Veámoslo por partes.

Primer círculo: «Hijo, acuérdate del Señor todos los días» (4,5)

El hombre piadoso sabe que todo nace en el Señor y que, si lo que anhela es tener éxito en la vida, nada podrá lograr lejos del Señor. Por esta razón, lo nuclear de todo acto humano se forja en la memoria del Señor y no de forma aleatoria ni intermitente, sino «todos los días».

Acordarse del Señor para Tobit es vivir conforme a los actos de misericordia que el mismo Dios inspira por su propia naturaleza, y el primero de todos, como cabía esperar, es el de la sepultura. Tobit pide a su hijo que le dé digna sepultura, pues es lo mismo que él ha estado haciendo con los hijos de Israel. En cierto modo, Tobit está mostrando un camino que él ya ha recorrido tras las huellas del Señor. Y lo mismo deberá hacer con su madre, pues el mandato del Señor es «honrarás a tu padre y a tu madre» (Ex 20,12), pero antes también para ella deja un testamento, el del cuidado del hijo, que no solo habrá de hacerse cargo de su mantenimiento material, sino también en el afecto, pues lo insta a que no la entristezca y la complazca.

A estas recomendaciones de tipo familiar une Tobit el consejo de no obrar la iniquidad y de caminar en la verdad, que es caminar en la justicia, y en una síntesis casi infantil, pero suficientemente clara, dice a su hijo: «Pórtate bien toda tu vida». Hay un aspecto importante que debemos contemplar. Se trata de la posibilidad de cumplir con todo eso que el padre sugiere al hijo. ¿Podemos portarnos bien toda la vida? ¿Podemos honrar siempre a los que nos preceden y han sido para nosotros padre, y madre, y hermano mayor? ¿Podemos vivir continuamente en la verdad y en la justicia? La respuesta la da Tobit desde la fe: «Acuérdate del Señor todos los días».

En estas palabras encontramos la verdadera fortaleza y la auténtica posibilidad de llevar a cabo este ideal de vida. Dios nos ha hecho para el bien y la justicia, y lo propio del hombre es dejar fluir por las venas del alma la sangre de Dios, que es misericordia y lealtad. Por eso es posible. Lo único que necesitamos es a alguien que nos ayude a recordar lo que somos, según el plan de Dios. Y comprometernos cada uno también en ser recordatorio para los otros, donde el recuerdo no es un simple ejercicio de memoria en el que evocamos un acontecimiento del pasado para traer al presente su imagen con fidelidad. Hacer memoria implica la vida y consiste en la actualización real de un don recibido. La categoría de *memorial* tiene en la Sagrada Escritura una potencia que trasciende lo psicológico, porque el memorial tiene el poder de hacer presente en un modo distinto, pero real, lo mismo que sucedió en un tiempo pretérito. Para comprenderlo bien debemos recurrir al misterio de la eucaristía: la celebración eucarística contiene el *memorial* de Cristo muerto y resucitado, y su celebración hace presente a Cristo con toda su verdad; Cristo está realmente presente en el pan y el vino de la eucaristía, y es precisamente la presencia real de Cristo la que empodera al bautizado para llevar a cabo su propia vocación, la misión que le ha sido confiada en la Iglesia, y desplegarla no por su propia fortaleza, sino precisamente por la efusión de la gracia que emana de Cristo presente, vivo y vivificante en el cristiano.

Desde esta convicción sacramental podemos entender mejor lo que ahora Tobit está sugiriendo a su hijo Tobías cuando le recomienda acordarse del Señor todos los días. Desde ahí, desde la memoria viva del Señor, que lo transforma y lo potencia, podrá el joven cumplir con todas las demás recomendaciones que el padre está por legarle.

Segundo círculo: «Y Dios no lo apartará de ti» (4,7)

Continúa Tobit otro bloque de consejos sabios para su hijo acerca de la limosna, y sigue con un grupo de sentencias sapienciales muy variadas y sin conexión aparente. La limosna es el centro de su legado y ocupa un lugar privilegiado. Hay que tener en cuenta la situación en la que se encuentra la familia en el momento en que el padre anima al hijo a dar limosna: lo habían perdido todo. Incluso la mujer tenía que trabajar para traer comida a casa.

Es hermoso ver cómo concibe Tobit la limosna, porque desvela su comprensión acerca del hombre, de Dios y de la relación entre ambos. En el corazón de Tobit, los otros son hermanos, y por eso no puede desentenderse de ellos, ni siquiera cuando él mismo está en una situación de precariedad. De este modo, esta recomendación a su hijo se convierte en una exigencia de santidad muy elevada, porque cuando uno es generoso desde la opulencia, o disponible desde la salud, o diligente desde la alegría, puede hacer mucho bien a los otros. Pero cuando uno se esfuerza por ser caritativo cuando no tiene casi para él, cuando se ofrece a los otros cuando ya no tiene fuerzas ni tiempo, y cuando se muestra abierto cuando su corazón atraviesa la aflicción, entonces está revelando a Dios en sus propios actos.

Nuestra exigencia de santidad camina por estos derroteros de los que Tobit habla cuando anima a su hijo a dar limosna siempre y no avergonzarse de dar poco. Con cierta frecuencia me encuentro con personas que se justifican diciéndose –y diciendo en voz alta–: «Pero yo, ¿qué voy a hacer ya? Si ya no valgo para nada». Y a mí me parece que ese derrotismo es justamente lo contrario de la generosidad que Dios nos pide a la hora de ofrecernos en su nombre. Ahí está la solución: que sea en su nombre, porque es muy posible que las fuerzas flaqueen, que el ánimo decaiga, que las posibilidades se vayan agotando, eso es natural, pero la certeza de que Dios no nos abandona es también un motor para mantenernos firmes en la esperanza y diligentes en la caridad.

Aquello que «Dios no apartará de ti» es «su rostro», como revela Tobit a su hijo Tobías. La condición, sí, es que él no aparte el rostro del pobre. Hay en ello una correspondencia natural y teológica, pues del mismo modo que Dios no aparta su rostro de la pequeñez de cada uno de sus hijos, así tampoco el creyente debe apartar su rostro del pobre (entendiendo en el pobre lo mismo que entiende el libro de Tobías). En el fondo se trata de la dinámica de la gracia, que no se derrama por mérito, sino porque así es el ser mismo de Dios, magnánimo, generoso, sobreabundante. Dios muestra su rostro, y con ello conduce al hombre a la bienaventuranza que tanto anhela y que con insistencia el hombre le está pidiendo: «Tu rostro buscaré, Señor, no me escondas tu rostro» (Sal 27,8.9), pero lo muestra a aquellos que, a su vez, imitan con sus hermanos el corazón de Dios y no ocultan su rostro ante el pequeño, el necesitado, el pobre, que anhela también contemplar un rostro compasivo y misericordioso. Tobías debe comprender que lo que el padre le está enseñando es precisamente esto, que debe hacerse uno con el corazón de Dios ante sus hermanos de raza.

Tercer círculo: «Si sirves a Dios en verdad» (4,14)

Se trata de servir a Dios y no servirnos a nosotros mismos ni nada que nos desvíe de su camino. El servicio a Dios no se imposta ni se escenifica: se vive en la verdad. Y aquí Tobit da una clave que ha sido considerada la regla de oro de toda la ética universal: «No hagas a nadie lo que tú aborreces» (4,15).

San Juan Crisóstomo comenta este pasaje del libro de Tobías y dice:

> Dos son los caminos que conducen a la virtud: uno, ciertamente, la liberación del vicio, pero otro, el ejercicio de la virtud misma; este es el que propone, y por este hace visible el otro; también aquel otro, en verdad, lo refirió oscuramente al decir: «Lo que odies no lo hagas a otro»; y el segundo lo manifestó claramente, diciendo: «Lo que queráis que os hagan los hombres hacedlo vosotros también con ellos» (Mt 7,12).

El santo Padre de la Iglesia nos advierte de lo mismo que Tobit advierte a Tobías: no es suficiente con alejarse del vicio y escapar de las garras del pecado. La santidad no es para los que solo se resguardan a sí mismos pero no ponen por obra la misericordia de Dios. Así que, del mismo modo que huimos de la tentación, con la misma fuerza caminamos hacia los actos de piedad para con Dios y de amor para con los hermanos. En esto ha de consistir en verdad el camino de la virtud.

Cuarto círculo: «Alaba al Señor Dios en todo tiempo» (4,19)

Es hermoso ver al anciano padre alertando al hijo de que no todos los consejos son igualmente válidos, sino «el consejo de los sensatos», de los que «alaban al Señor Dios en todo tiempo».

Querría detenerme, finalmente, en este pensamiento, porque hoy estamos asistiendo a una dinámica que me parece muy perniciosa y que tiene mucho, mucho peligro en varios niveles. Se trata del mundo de la opinión y del respeto que se exige por ella. El postulado general hoy es «todo vale», y lo que yo pienso y lo que yo creo es igual de válido que lo que piense y crea cualquier otro.

Pues bien, a riesgo de parecer un fundamentalista, creo que eso no es así. No me refiero, evidentemente, a una opinión acerca de cosas superfluas o de poca trascendencia, ni a cuestiones de gustos en el ámbito que sea. Me refiero a lo fundamental, a lo que atañe al ser íntimo de las personas, a su vida y a la trascendencia. No todo vale. Lo repito y lo sostengo: no todo vale ni toda opinión es respetable. No. Y de lo que Tobit enseña a su hijo deduzco que él pensaba como yo. Perdón, posiblemente será al revés: yo pienso como Tobit y como la Escritura. El padre orienta al hijo a que siga el consejo de los sensatos, como hace el libro de los Salmos en su primera página:

> Dichoso el hombre
> que no sigue el consejo de los impíos,
> ni entra por la senda de los pecadores,
> ni se sienta en la reunión de los cínicos,
> sino que su gozo es la Ley del Señor
> y medita su Ley día y noche (Sal 1,1-2).

Y con este pensamiento la Sagrada Escritura está llena de alusiones que fundamentan esta misma reflexión. No todo vale. Hay personas que han hecho una opción por el mal, por la injusticia y la iniquidad, por lo burdo y lo chabacano, lo feo y lo falso; pues bien, a esos no hay que escucharlos. San Pablo, que parece que era muy radical en sus cosas, llegará a decir incluso que ni sentarse a la mesa con ellos: «Lo que de hecho os dije es que no os juntarais con uno que se llama hermano y es inmoral, codicioso, idólatra, difamador, borracho o estafador: con quien sea así, ni compartir la mesa» (1 Cor 5,11).

En nuestra vida espiritual también debemos acudir al *consejo de los sensatos,* que no es otra cosa que acudir a quienes conocen bien al Señor, a quienes humildemente andan en verdad y se esfuerzan por vivir con fidelidad su vocación y su misión. Más aún, nuestro esfuerzo personal ha de centrarse en no participar de reuniones en las que no ocupe el centro el Señor; hemos de esforzarnos, con el auxilio de Dios y la potencia de Su Santo Espíritu, por vivir sensatamente, que no es otra cosa que descubrir las cosas creadas como don de su gracia y acoger con alegría su perdón y su misericordia, para derramarlos después entre las personas con las que nos encontremos. Porque lo que de verdad vale es el amor. Por eso «no todo vale». Les puede valer a los que no saben amar o no quieren. A nosotros no. Porque ya hemos sido tocados en lo más íntimo del alma por un amor tan grande que hasta nuestro último día seguirá desbordándose entrañablemente.

8

LAS DUDAS DE TOBÍAS:
¿NO SERÁ ESTA UNA EMPRESA
QUE ME SUPERE?

Comienza el viaje de Tobías y el narrador de la historia nos va a preparar para todo lo que viene.

Hasta ahora hemos conocido a un padre, una madre y un hijo, aunque del muchacho poco se ha dicho. Únicamente que es un hijo único y que su padre lo ha hecho heredero de todo lo suyo, especialmente de un legado espiritual y moral muy elevado en santidad. Pero poco más sabemos de Tobías. Ahora veremos a un joven que se va a enfrentar a un viaje, con todo lo que eso significaba en el tiempo de la narración.

En la siguiente meditación vamos a contemplar el momento del encargo, la disponibilidad del hijo, que no está reñida con sus dudas, y el aliento que el padre le traslada. Y nos vamos a descubrir a nosotros mismos recibiendo de parte de Dios un encargo que, en primera instancia, nos genera sensaciones encontradas. ¿Cómo resolveremos dentro de nuestro espíritu esta lucha interna de sentimientos y voluntades?

El texto:

Tobías respondió a Tobit, su padre: «Padre, haré todo lo que me mandas. Pero ¿cómo podré recuperar ese dinero? Gabael no me conoce ni yo a él. ¿Qué prueba puedo darle para que me reconozca, se fíe de mí y me entregue el dinero? Además, no sé cómo se va a Media». Tobit le explicó: «Los dos firmamos un recibo que yo dividí en dos partes. Me quedé con una y dejé la otra con el dinero. Hace ya veinte años de aquello. Ahora, hijo, busca una persona de confianza que te acompañe. Le pagaremos un salario hasta que volváis. Ve y recupera ese dinero (5,1-3).

Cuando Tobías toma la palabra en el relato es para afirmar su voluntad de ser fiel a lo que su padre le está mandando. Según el hilo de la historia, debemos entender que esta respuesta favorable del muchacho se refiere a todo el legado que el padre le acaba de exponer y no solo a su voluntad de que emprenda un viaje. Nos fijaremos en este aspecto para contemplar después las dudas que se le plantean al joven ante el reto de emprender el camino; finalmente, contemplaremos también la solución que el padre aporta a estas dudas.

Primera mirada: «Padre, haré todo lo que me mandas» (5,1)

A lo largo de la Sagrada Escritura encontramos infinidad de episodios en los que una persona recibe un encargo de parte de Dios, ya sea a través de una revelación particular en la que media un ángel o a través de otras personas, como los profetas. Todos ellos son agraciados con el encargo de realizar algo en nombre del Señor. Esta es nuestra primera mirada: recibir un encargo es recibir un don, un regalo de parte del Señor.

El joven Tobías ha escuchado de labios de su padre una sabiduría arraigada en la divina revelación y ha captado la profundidad de estas enseñanzas que no son solo un código ético aceptable, sino la propuesta de un verdadero itinerario de santidad. Es hermoso escuchar por primera vez la voz del joven Tobías proclamando su primera palabra, «padre» (2,3), y cómo ahora vuelve a abrir sus labios para, nuevamente, proclamar con filial confianza la misma palabra, «padre» (5,1), con el fin de expresar inmediatamente su disponibilidad a cumplir todo lo mandado. Su corazón alberga dudas, sí, pero en su respuesta generosa al padre no antepone lo suyo, sino que se abandona confiadamente al plan de otro.

La disponibilidad inicial de Tobías resulta hoy conmovedora. Se le ha llamado a salir, a abandonar una zona de confort que hasta ahora ha sido para él morada segura y espacio de protección. Si nos damos cuenta, en el relato Tobías aún no ha hecho nada. No se dice de él que ayudase en los trabajos de la casa ni que colaborase para sostener la economía familiar. Únicamente sabemos que responde con prontitud a los mandatos de su padre, como hizo en la comida de Pentecostés cuando salió a buscar a un pobre, pero descubrió a un muerto en la plaza.

Aquel descubrimiento de Tobías nos habla también de una sintonía entre el padre y el hijo. El encargo recibido era otro, ¿verdad? Tenía que ir a encontrar a uno de los deportados a Nínive que hubiera caído en la pobreza y que se acordase de Dios frecuentemente. No debía ser difícil, porque la ciudad estaba llena de inmigrantes judíos empobrecidos. Sin embargo, los ojos de Tobías reparan en algo que su padre nunca hubiera pasado por alto. Podría haberlo hecho el hijo considerando que su misión era otra; sin embargo, sabía bien que la prioridad del padre era el auxilio de los suyos en la vida y en la muerte. En efecto, aquel gesto nos prepara ya para ver al joven Tobías profundamente conectado con el corazón de su padre y, por tanto, bien dispuesto a cumplir sus mandatos, en los que confía plenamente, pero de una forma creativa. También este es un rasgo fascinante sobre el que vale la pena meditar: la obediencia creativa, la que no anula la mismidad de la persona, la que manifiesta una íntima conexión con aquel que lidera, pero no porque se le siga ciegamente, sino porque ambos, el líder y el que obedece, conocen en profundidad la misión.

Nosotros, como cualquier joven Tobías, recibimos cotidianamente el encargo de vivir en el camino de la santidad, que es camino de salida –como tantas veces nos recuerda el papa Francisco–. Y dentro de nuestra experiencia espiritual particular tenemos cada uno bien claro cuál ha sido el encargo recibido, cómo desarrollar nuestra propia misión dentro de nuestra vocación. Ahora bien, la mirada del Padre eterno es mucho más amplia y no se circunscribe solamente a una acción, sino que se abre para ser una forma de estar en el mundo. Y ese es para nosotros un reto irrenunciable: vivir en sintonía con el Padre para tener la misma mirada que él tiene sobre el mundo, sobre las relaciones humanas, sobre nuestro propio corazón.

Como el joven Tobías, vivimos dispuestos a cumplir todo lo que él nos diga, pero no por virtud o por heroicidad, sino porque hemos conectado íntimamente con el corazón de Dios por su gracia. Así es como este joven proclama solemnemente «Padre, haré todo lo que me mandas». La fórmula que utiliza no debe pasarnos inadvertida. Me explico. Cuando Tobías habla de «lo que me mandas», utiliza el verbo griego *entéllomai* en su forma de perfecto. El sustantivo de este verbo es *entolē,* que significa «mandamiento» y que sirve para designar propiamente la Ley de Dios, la que el Señor otorgó al pueblo como gracia a través de Moisés en el Sinaí (Ex 34,11). También en aquella situación Dios da una *palabra* que debe ser escuchada y cumplida, y también allí el pueblo proclama: «Cumpliremos todas las palabras que ha dicho el Señor» (24,3). De este modo, Tobías está en perfecta conexión con una obediencia que va más allá de un encargo concreto que apunta a un viaje. Lo que el muchacho está proclamando tiene una profundidad mayor, porque evoca el mandamiento, señala una *ley* de salvación que le ha nacido a su padre de la inspiración y que expresa la voluntad de Dios, manifestada en cada una de las sentencias éticas y sapienciales que ha recibido en el capítulo precedente.

Este modo de acercarnos al texto nos predispone también a los creyentes de hoy a comprender nuestras misiones particulares insertas en un todo: el plan de Dios es mucho más grande de la simple concreción de lo cotidiano. Respondemos con generosidad en lo pequeño y llevamos a cabo nuestras tareas sencillas y rutinarias con la certeza de que forman parte de algo mayor, del plan de Dios. Todo suma cuando el corazón adopta la disposición de la auténtica obediencia, que consiste en la escucha mística de la voz de Dios, de una Palabra proclamada para la salvación de todos, aunque lo que me toca hacer sea, aparentemente, insignificante. De ese modo, la obediencia adquiere una nota absolutamente transformadora que habla de libertad y de alegría: Padre, haré todo lo que me mandas, porque habré descubierto que en los mandamientos del Señor reside el desarrollo de la auténtica libertad.

Segunda mirada: las dudas del joven que emprende un camino

Salir. Esa es la consigna. Salir es aventurarse a lo nuevo, pero no por despecho de lo que se deja, sino por audacia y valentía para acoger con alegría la vocación a la que Dios nos está llamando constantemente. Ninguna vocación se agota en el día en que se percibe por primera vez. Al acoger la vocación que Dios nos ha dado como don hemos acogido una forma de vida que se renueva y se expande cada día. Muchas veces he dicho a las parejas a las que he casado que el día de la boda no puede ser el día más feliz de aquella pareja, porque su compromiso es que cada día sea más feliz que el anterior. Así ha de suceder en el camino de respuesta al Señor en nuestra vida religiosa, sacerdotal y en general en la vida de todo bautizado.

Santa Teresa de Ávila hablaba así de la vocación en términos de salida: «Digo que importa mucho, y el todo, una grande y muy determinada determinación de no parar hasta llegar, venga lo que viniere, suceda lo que sucediere». También el santo místico carmelita, compañero en la reforma con santa Teresa de Ávila, san Juan de la Cruz, reflexiona sobre esta salida y llamada: «Traiga un ordinario apetito de imitar a Cristo en todas sus cosas, conformándose con su vida, la cual debe considerar para saber imitarla y haberse en todas las cosas como se hubiera él» (1 *Subida* 13,3).

No es una repetición literal de sus «actos» lo que pide el santo, sino comportarnos según sus «actitudes». Nos lo dice literalmente cuando recomienda «no hacer ni decir palabra notable que no la dijera o hiciera Cristo si estuviera en el estado que yo estoy y tuviera la edad y salud que yo tengo» *(Grados* 3). Hoy hablaríamos mejor de «seguimiento» para expresar este concepto.

Aunque a la hora de emprender este seguimiento, como le sucede a Tobías, surjan dudas. En la experiencia del joven hijo de Tobit, estas dudas son objetivas y para él insalvables. Eso nos lo desvela tanto el contenido como la forma. Me explico. La formulación de las dudas por parte de Tobías se expone en un grupo formado por tres preguntas. Esta referencia al número tres nos hace pensar en la plenitud, en lo total, de modo que en la psicología del personaje la duda lo ocupa todo. Sin embargo, no deja de llamar la atención que a esa experiencia que debería ser paralizadora antepone el muchacho la disponibilidad al padre. Como si le dijera: «Yo no veo cómo, pero voy a hacer todo lo que tú me mandes».

En muchas ocasiones, la llamada del Señor no se comprende de inmediato. Esta es también la experiencia del joven Samuel cuando escucha una llamada en la que resuena su nombre, pero no sabe responder adecuadamente hasta que alguien le orienta. Entonces llegará a responder con acierto: «Habla, que tu siervo escucha» (1 Sam 3,10). Así también nuestros propios itinerarios vocacionales necesitan una orientación que nos viene dada en la comunidad. El Padre encomienda una misión para la que puede que no nos sintamos preparados, incluso puede que nuestra conciencia nos dicte que somos indignos o incapaces. Sin embargo, como Tobías, la disponibilidad a su plan significa una gran fe: sea lo que tú quieres y no lo que quiero yo.

Tobías, Samuel, Isaías, Oseas, Jeremías, María y tantos otros personajes de las Escrituras prefiguran la obediencia de Jesucristo al plan de Dios, que perfecciona todos los procesos vocacionales asumiendo la cruz por amor al Padre. Ahí es donde nuestra propia vocación encuentra la cumbre de su perfección. Y solo llegaremos a ella con un corazón dócil y confiado en la misericordia del Padre.

Tercera mirada: ante las dudas del hijo, la respuesta del padre

Si ahora nos fijamos en la estructura del relato más que propiamente en el hilo narrativo, es decir, si miramos la forma en que se nos presenta, lo que encontramos me parece algo maravilloso. El padre ha hecho un encargo a su hijo, que, como hemos dicho, no consiste solamente en realizar un viaje, sino en «cumplir todo», es decir, vivir conforme a los consejos que le ha dado. Y este reto se le presenta al muchacho como una enorme dificultad.

Pues bien, en la estructura del relato, lo que viene ahora es una solución. El hijo había expuesto sus dudas, que se han expresado con sencillez, pero con rotundidad, por parte del joven y que iban *in crescendo:* cómo plantear la estrategia general («¿cómo podré recuperar ese dinero» [5,2a]); cómo ganarse la confianza de Gabael («que me reconozca y se fíe de mí» [5,2b]), y una sincera confesión de humildad acerca de sus propios límites al desconocer el camino a Media («no sé cómo se va a Media» [5,2c]). Ante todas estas dificultades, será el mismo padre quien le ofrezca la solución.

Me parece maravilloso contemplar este detalle, porque en nuestra vida espiritual esto mismo está aconteciendo a diario. En nuestro deseo de ser fieles a los mandatos del Señor nos estamos enfrentando constantemente a multitud de retos: unos nos vienen de fuera y son incontrolables, porque nosotros no decidimos lo que hacen los otros ni lo que sucede en nuestro entorno; otros nos vienen de dentro, de nuestra propia psicología, de nuestras limitaciones y miserias. Y todos estos retos nos empujan con fuerza para apartarnos del camino de la voluntad del Padre. Ahora bien, el mismo que ha puesto en nosotros el deseo de seguirle y vivir conforme a sus decretos y mandatos, cumpliendo así el ideal de la santidad al que hemos sido convocados, el mismo Dios que nos ha llamado es quien fortalece nuestro ánimo y aviva el ardor del amor divino que él nos ha regalado por gracia. Así lo expresa hermosamente san Pablo en la carta a los Filipenses: «Esta es nuestra confianza: que el que ha inaugurado entre vosotros esta buena obra la llevará adelante hasta el día de Cristo Jesús» (Flp 1,6).

En el caso de Tobías, el padre le propone como solución la presentación de un recibo que ambos firmaron y que se busque un guía que lo pueda acompañar hasta su destino. En la mente del padre está la respuesta que inicialmente no estaba en la mente del hijo. Más incluso: veremos que, en la narración, en la mente de Dios aún hay algunas sorpresas reservadas que no están todavía en la mente de ninguno de los dos personajes. Y esto es también para nosotros un motivo grande de esperanza, pues «los caminos del Señor no son nuestros caminos» (Is 58,8), pero sabemos que siempre, siempre, nos llevan a una plenitud que ni podríamos imaginar.

9

«HE ENCONTRADO A UN HOMBRE». LA NECESIDAD DE REFERENTES

En este punto la historia da, por fin, un giro hacia la acción. Comienza la aventura del viaje que emprende el joven Tobías obedeciendo a su padre. La expectativa de esta familia está puesta en un plan muy sencillo y sin demasiadas ambiciones. En este sentido, lo que Tobit ha planeado es que su hijo llegue a encontrarse con su deudor, reclame el pago del préstamo que antaño le hizo y regrese a casa a tiempo para ver morir a su padre, satisfecho por poder legar a su hijo un sustento con el que vivir holgadamente.

La cosa no está ni bien ni mal. Me explico. Enseguida veremos el reproche que le hace la madre cuando ve partir al hijo. Para ella el dinero no es importante, comparado con la compañía de su hijo. Pone de relieve que lo verdaderamente importante no es un estatus social y económico, ni una holgura en las finanzas o la solvencia, ni una comodidad en el modo de vida, sino el afecto cercano del hijo. Por otra parte, la expectativa de Tobit sigue siendo su acabamiento, es decir, que la situación en que se encuentra es irreversible y por eso su plan es poco ambicioso. En otras palabras, es su plan y no el plan de Dios.

Tampoco Tobías, el hijo, en este momento aspira a más. Sin embargo, sale al encuentro de alguien que le ayude, alguien que le oriente y lo conduzca por los caminos que para él suponen un gran misterio. Pronto descubriremos que esos caminos no son solo de polvo y barro, pues su acompañante será un auténtico guía por los caminos del Señor.

El texto:

Tobías salió a buscar un guía que conociera el camino de Media y lo acompañara. Nada más salir se encontró con el ángel Rafael. Pero no sabía que era un ángel de Dios. Le preguntó: «¿De dónde vienes, amigo?». El ángel respondió: «Soy un hijo de Israel, como tú. Ando en busca de trabajo». Tobías preguntó: «¿Conoces el camino que lleva a Media?». Respondió el ángel: «Sí. He estado allí muchas veces y conozco bien todos los caminos. En mis frecuentes viajes a Media me he hospedado en casa de Gabael, nuestro hermano, que vive en Ragués. Hay dos jornadas de camino desde Ecbatana hasta Ragués, pues Ragués está en la montaña y Ecbatana en la llanura». Tobías le dijo: «Espérame, amigo, que voy a decírselo a mi padre. Necesito que me acompañes. Te pagaré por ello». El ángel respondió: «Bien. Espero aquí, pero no tardes». Entró Tobías en casa e informó a su padre: «Ya he encontrado al hombre. Es de los hijos de Israel, hermano nuestro». Tobit le contestó: «Llámale, hijo. Quiero saber a qué tribu y familia pertenece y si es un acompañante de confianza». Tobías salió y le dijo: «Amigo, mi padre te llama». Entró el ángel y, respondiendo al saludo de Tobit, dijo: «Que la alegría sea contigo». A lo que Tobit replicó: «¿Qué alegría puedo tener? Estoy ciego. No veo la luz del cielo. Vivo en tinieblas, como los muertos, que no pueden ver la luz. Soy un muerto en vida. Oigo la voz de las personas, pero no veo a nadie». El ángel repuso: «Ten ánimo, que Dios te curará pronto. Ten ánimo». Tobit prosiguió: «Mi hijo Tobías quiere ir a Media. ¿Puedes acompañarlo como guía? Te pagaré por ello, hermano». Respondió el ángel: «Puedo acompañarlo. Conozco todos los caminos. He estado repetidas veces en Media. He recorrido sus llanuras y montañas. Estoy familiarizado con todos los caminos». Tobit quiso saber más: «Dime, hermano: ¿a qué tribu y familia perteneces?». Le respondió el ángel: «¿Para qué necesitas conocer mi tribu?». Tobit insistió: «Hermano, me gustaría conocer cómo te llamas y de quién eres hijo». Entonces el ángel precisó: «Soy Azarías, hijo del célebre Ananías, uno de tus parientes». Tobit le dijo: «Bienvenido seas, hermano. No tomes a mal mi deseo de saber sobre tu familia. Resulta que eres pariente mío y perteneces a una familia buena y noble. Conozco a Ananías y a Natán, los dos hijos del gran Semeí. Iban conmigo a Jerusalén y allí adorábamos a Dios; nunca se han desviado del buen camino. Tus parientes son gente de bien. Buen linaje el tuyo. Bienvenido seas». Y añadió: «Te daré como paga una dracma al día y tendrás lo que necesites, lo mismo que mi hijo. Acompáñalo en sus viajes y añadiré algo a esa cantidad». Respondió el ángel: «Iré con él. Y no temas: sanos partimos y sanos volveremos. El camino es seguro». Tobit le dijo: «Dios te bendiga, hermano». Llamó luego a su hijo y le ordenó: «Hijo, prepara las cosas para el viaje y ve con tu pariente. Que el Dios del cielo os proteja y devuelva sanos. Que su ángel os acompañe y proteja». Antes de partir, Tobías se despidió con un beso de su padre y de su madre. Tobit le dijo: «¡Adiós, y buen viaje!». Pero la madre, llorando, reconvino a su marido: «¿Por qué has dejado marchar a mi hijo? Él es el báculo de nuestra vejez. Siempre ha estado con nosotros. ¿Para qué más dinero? Es basura en comparación con nuestro hijo. Tenemos bastante con lo que el Señor nos concede». Tobit le dijo: «No te preocupes. Nuestro hijo parte sano y sano volverá. Lo verás con tus propios ojos cuando regrese. No te atribules ni sufras, querida. Un ángel bueno lo acompañará, le concederá un próspero viaje y nos lo devolverá sano y salvo». Ella dejó de llorar (5,4-23).

Como venimos haciendo, renunciaremos a explorar el texto en toda su profundidad, pero nos fijaremos en aquellos aspectos que podemos trasladar a nuestra propia experiencia espiritual y vocacional. En este sentido, quiero proponer cinco estaciones en las que apearnos brevemente en el recorrido de este texto: en primer lugar, Tobías no ha renunciado a contar con un guía; seguidamente, la misteriosa presencia del ángel (aunque tú no lo sepas); en tercer lugar, la solemne proclamación «conozco todos los caminos»; seguiremos contemplando la actitud de Tobías, que dice «voy a decírselo a mi padre», y concluiremos con las palabras del ángel dirigidas a Tobit: «Ten confianza».

Primera estación: el guía de Tobías, ¿aceptado o impuesto?

Me detengo en esta pregunta y en esta contemplación porque de un tiempo a esta parte vengo observando que se ha puesto de moda entre la gente más joven el ser *rebelde,* pero sin filtros. Desde luego, no es algo nuevo, ya lo cantó José Luis Perales hace muchos años y lo popularizó Janette: «Soy rebelde porque el mundo me ha hecho así».

Pero la cuestión es si la rebeldía sistemática tiene o no tiene lógica. Y más aún, la cuestión es si en la vida cristiana tiene cabida una pose de rebeldía. Mirando la actitud de Tobías, resulta llamativa su disponibilidad a todo lo que le dice el padre. Ciertamente, como hemos contemplado, ha hecho suyos los deseos de Tobit hasta el punto de que este llegará a decirle al ángel –aunque no sepa que es un ángel–: «Mi hijo Tobías quiere ir a Media» (5,10). La voluntad del hijo se ha configurado con la voluntad del padre y parece que no ha habido rebeldía en ello. La Sagrada Escritura está llena de denuncias por parte de los profetas a un pueblo rebelde. ¿Qué significa esa rebeldía? ¿Tiene algún valor positivo? En el contexto de la espiritualidad, la rebeldía es la infidelidad y la confrontación con el plan de Dios y, por tanto, constituye un itinerario de autodestrucción:

[...] y no fueran como sus padres, una generación porfiada y rebelde, generación que no preparó su corazón y cuyo espíritu no fue fiel a Dios (Sal 78,8).

Oíd, cielos, y escucha, tierra, porque el Señor habla: «Hijos crie y los hice crecer, mas ellos se han rebelado contra mí» (Is 1,2).

¡Ay de los hijos rebeldes –declara el Señor– que ejecutan planes, pero no los míos, y hacen alianza, pero no según mi Espíritu, para añadir pecado sobre pecado! (Is 30,1).

Porque conozco vuestra rebelión y vuestra obstinación; he aquí, estando yo hoy todavía vivo con vosotros, habéis sido rebeldes contra el Señor; ¡cuánto más lo seréis después de mi muerte! (Dt 31,27).

Pero ellos rehusaron escuchar y volvieron la espalda rebelde y se taparon los oídos para no oír (Zac 7,11).

Vosotros, que sois duros de cerviz e incircuncisos de corazón y de oídos, resistís siempre al Espíritu Santo; como hicieron vuestros padres, así también hacéis vosotros (Hch 7,51).

En definitiva, en la Sagrada Escritura la rebeldía es una actitud contraria a la santidad. Por eso el libro de Tobías describe unos personajes ideales que se ajustan a los designios de Dios sin hacer nada contra lo que les es mandado.

Esa dinámica de rebeldía que se observa en tantas personas en nuestra actualidad, y que no es nueva, ciertamente, responde también a un impulso interno que puja por autodefinirse según criterios puramente subjetivos y en nada sujetos a un plan de justicia y amor. En definitiva, estamos hablando de un individualismo voraz que engulle a la persona totalmente y la convierte en absoluto. Esta tentación es muy sutil y nadie está exento de irse adentrando en estas dinámicas, incluso cuando se vive en comunidad. Uno que se reivindica a sí mismo, a sus ideas o pensamientos, a sus afectos particulares o a sus intereses exclusivos, acaba justificando su rebeldía como algo bueno, porque es bueno para él. La pregunta a la que no podemos renunciar los que hemos sido convocados a la santidad es si aquello se ajusta al plan de Dios o solamente es mi pobre improvisación.

El caso del joven Tobías vuelve a ser paradigmático. Como hemos señalado, el padre ha identificado su propia voluntad con la del hijo cuando le ha dicho al ángel: «Mi hijo Tobías quiere ir a Media». Categóricamente hablando, el que quiere es el padre, y lo quiere por el bien del hijo y de la familia. Tobías, el hijo, ha asumido esta voluntad del padre con docilidad y desde la libertad. Hay en ello una dinámica muy saludable que comienza por una intimidad compartida entre el padre y el hijo, donde el uno y el otro se han ido conociendo y amando hasta llegar a querer lo mismo. Descubriremos después que en esto no hay autoritarismo por parte del padre ni simple sumisión por parte del hijo. No hay tampoco ninguna clase de simbiosis psicológica donde el pequeño se limita a imitar al mayor porque sigue un modelo aprendido. Lo que vamos a descubrir va mucho más allá es que se trata de un vínculo de amor que engendra libertad, y lo hace desde la asunción de las propias decisiones por parte del hijo, iluminadas por la sabiduría del padre. Veremos, en efecto, que en el desarrollo de la misión el hijo tendrá que ser valeroso, original y creativo, pues, aunque obedezca al padre, no se convierte en un *alter ego* de él, sino que desarrolla con ello todas sus potencialidades.

Segunda estación: aunque tú no lo sepas

Ese plan que Dios propone a cada persona se va desplegando misteriosamente según su santo designio. Esta es una certeza que nos trae mucha paz, pero que al mismo tiempo nos compromete a vivir con fiel humildad atentos a los signos de los tiempos. En el relato que estamos contemplando, esta misma verdad de nuestra fe se nos da a conocer de forma narrativa. Dios se hace presente a Tobit, Ana y Tobías, una familia piadosa, pero ellos no se dan cuenta. En su vida cotidiana Dios ocupa un lugar importante, lo tienen presente a la hora de tomar sus decisiones y dedican tiempo a la oración como fuente de esperanza y alegría. Se sirven de mediaciones y mantienen su relación con el Señor como cualquier otro judío debía hacer.

Por su parte, Dios provee encuentros misteriosos ofreciendo su divino auxilio a su modo y a sus tiempos. En la Sagrada Escritura conocemos otros casos de ángeles que se hacen presentes: a Abrahán (Gn 18); de los dos ángeles o varones del Señor a Lot (Gn 19,1-29); del ángel del Señor a Gedeón (Jue 6,11-24); del ángel del Señor, del hombre de Dios, del Señor, a Manoj, padre de Sansón (Jue 13,8-23). Y esta experiencia es una de las más gratificantes de la vida cristiana dese entonces hasta hoy. Cuando nos ponemos en la órbita de la gravitación de la gracia de Dios, todo gira con armonía, con la cadencia que Dios ha dado a los astros, al tiempo y a lo creado. Y nos incorporamos a ese movimiento para formar parte de él por gracia: ninguno de nosotros somos el motor que dinamiza la historia, solamente formamos parte de ella porque Otro nos ha convocado y nos ha sacado del banquillo de la rebeldía o de la inacción.

De lo que se trata, entonces, es de comprender nuestro día a día desde la óptica de la gracia que siempre es mayor, que no tenemos por qué someter a nuestros parámetros de comprensión ni de juicio; Dios es más grande que nosotros y solo él conoce en profundidad el plan de salvación. Y no se trata de resignarnos y vivir a ciegas descargándonos de responsabilidad. No es eso lo que hace Tobías cuando acoge a este hombre que le va a guiar, pues también el joven va a emprender camino, va a andar con el ángel por los caminos que le indique, pero realizando él cada esfuerzo en las subidas y cada cansancio en las largas jornadas bajo la lluvia y el sol. Por eso, al final de la historia veremos que Dios ha sido capaz de llevar a esta familia a un lugar que ni podían imaginar, porque Dios siempre va más allá.

El proceso de la revelación –lo vemos constantemente en la Escritura– es un proceso paulatino. Lo es porque Dios aplica un principio de prudencia en cada ocasión, y ajusta a cada persona su propio plan, de modo que este se vaya desplegando con naturalidad y conforme a las capacidades que Dios mismo ha sembrado en cada uno de sus hijos. La sabiduría popular dice que «Dios aprieta, pero no ahoga», pues la exigencia de Dios a cada uno, aun cuando es alta, no excede a la persona. Dios conoce bien a cada uno, y a cada uno le pide lo que puede llegar a dar. Así es el caso de esta familia, que por el momento deberá proseguir un plan oculto en la mente de Dios y que no descubrirá la grandeza de su designio hasta el final. Tanto Tobit como Tobías asumen con naturalidad al ángel sin saber que es un ángel. No lo necesitan. Más aún, es hermoso descubrir en el relato que Dios no se impone, no abruma a sus hijos ni los fuerza a tener fe en él. La fe debe ser siempre una propuesta que Dios ofrece con sencillez. Por eso el ángel se oculta, porque en su ocultación está alentando el ánimo de Tobit y de su hijo, y está alimentando su libertad y su esperanza. Si el ángel se hubiera dado a conocer desde el principio, si los acontecimientos milagrosos se evidencian anteponiéndose a la fe de las personas, entonces esa fe carecería de libertad, de modo que nos costaría mucho considerarla una verdadera fe. Nuestros personajes, sin embargo, manifestarán una apertura y una confianza al plan de Dios grande, firme y convencida. Y todo ello sin verse forzados por nada ni por nadie.

Tercera estación: «Conozco todos los caminos» (5,6)

Al contratar a Azarías –el arcángel Rafael encubierto–, Tobías le ha preguntado si conoce el camino a Media, que es lo que a él le interesa en ese momento. Este es su plan, llegar a Media y recuperar el dinero de su padre. El ángel afirma algo solemnísimo que para el lector tiene un sentido mucho más profundo que lo que entiende Tobías dentro de la historia. Dice Rafael: «Conozco todos los caminos» (5,6).

A nosotros, los lectores, la historia nos edifica porque, en efecto, sabemos que, cuando se ponga al lado de Rafael, el joven Tobías caminará por el camino cierto. Como se ha comentado, en el libro de Tobías los nombres ejercen un papel simbólico importante. Por eso la presentación que hace de sí mismo el ángel Rafael encubierto bajo aspecto de persona es y no es, al mismo tiempo, una ficción. Azarías significa «el Señor ayuda, socorre»; es un nombre muy corriente después del destierro (cf. Jr 43,2; 1 Cr 2,8.38; 2 Cr 15,1; 21,2; Neh 3,23; 7,7; Dn 1,6). Ananías: «El Señor favorece», también es nombre común en la misma época posexílica (cf. Jr 28,1; Esd 10,28; Neh 3,8.30; 1 Cr 3,19). Natán: «[Dios] ha dado», nombre frecuente en todas las épocas (cf. 2 Sam 5,14; 7,2; Esd 8,16). Semeías: «El Señor ha escuchado», nombre de corte tradicional (cf. 1 Re 12,22; Jr 29,31; Neh 6,10; 1 Cr 3,22).

Toda esta secuencia de nombres está ejerciendo una función de profesión de fe. Se trata de que Dios ha tomado la iniciativa al trazar el camino, pues es Dios quien ayuda (Azarías), el que favorece (Ananías) porque ha escuchado (Semeías). Ese es Dios, y el camino que va a proponer no es otro que el camino de la fe. Rafael los conoce todos, porque en su beatitud tiene acceso a verdades más extensas y profundas que las que puede tener a su alcance cualquier mortal. Confiarse a él significa un gran acierto. Querer improvisar el camino o preguntarle a cualquiera sin criterio alguno supone una temeridad porque, por desgracia, el mundo está sembrado de personas con otras intenciones, y no todas buenas. Por eso es fundamental orientar el camino conforme a los criterios de Dios, que se manifiestan en el buen consejero, uno que forme parte de la comunidad porque ha vivido la experiencia de la fe, y tal vez de la prueba. Acercarse a quien ya recorrió los caminos es un signo de sabiduría y madurez, pero también de gran humildad. Ciertamente, hay en el corazón humano una tendencia a afirmarse a sí mismo desde el propio yo, es decir, a querer determinar su propio camino sin contar con los demás. En ello tiene mucho que ver el tentador, que obceca el corazón y enceguece la mente para que uno se vaya aislando del resto y se convierta así en un ser mucho más vulnerable, más fácil de captar para el malo. Lo contrario, el apoyo y la guía de la comunidad, se convierte en refugio seguro y le pone una barrera importante al señor de la mentira, porque la auténtica verdad no se construye desde el yo, sino que se descubre revelada cuando la comunidad se reúne en el nombre del Señor, porque «donde dos o tres están reunidos en mi nombre, allí estoy yo en medio de ellos» (Mt 18,20).

¿Cómo orientamos nosotros nuestro camino? ¿Tenemos conciencia de la acción de Dios en nuestra vida cotidiana? ¿Hemos experimentado que Dios escucha, que favorece y que ayuda? ¿Pasamos nuestra experiencia espiritual por la criba de la comunidad? Todas estas preguntas nos pueden ayudar enormemente a crecer en fidelidad a nuestra vocación y a acertar en nuestra misión de bautizados.

Cuarta estación: «Voy a decírselo a mi padre» (5,7)

El joven Tobías se ha entusiasmado con todo lo que le ha dicho el muchacho con quien se ha encontrado al salir de casa. Parece que ha sido un buen golpe de suerte que estuviera ahí y parece que tiene claro que debe ser él el que le acompañe en su viaje. Sin embargo, Tobías no decide nada sin consultar con su padre. ¡Qué humildad la de este joven!

En la proclamación del joven Tobías hay, en primer lugar, un «yo» que toma la iniciativa, que está proponiendo algo: «Voy». Soy yo quien tomo una determinación, quien decido algo, y un algo que implica ponerme en marcha, en salida de mí mismo. Soy un yo que quiere, que desea, que decide y actúa. Porque muchas veces nos sentimos paralizados, o simplemente instalados en una cierta comodidad o en una rutina mortecina que hace que nuestras decisiones y nuestros deseos se nos queden como recuerdos del pasado. Y a la conciencia nadie la puede engañar, ¿verdad? La conciencia nos recuerda que una vez hicimos un propósito, pero que por alguna razón hemos dejado de cumplirlo.

«Voy» es una disposición del corazón: es tomar conciencia de que el único responsable de mis acciones –y de mis omisiones– soy yo; es tomar conciencia de que es preciso ponerse en marcha, aunque me cueste, aunque suponga asumir algunos riesgos; es tomar conciencia de que vivir en actitud de camino es vivir como discípulos de Jesús, que dijo a los suyos: «Ven y sígueme». Porque vivir en cristiano es caminar detrás de Jesús, imitando su vida, sus palabras y el latir de su corazón. Es el misterio de la cooperación entre la gracia de Dios y la voluntad del hombre.

Más aún, ese yo que se propone salir sabe que a quien va a encontrar es a su padre. El joven Tobías decide interrumpir su misión y volver a su padre para contarle cómo van las cosas, la manera en que está llevando a cabo el encargo. Porque nadie tiene la certeza absoluta de estar obrando rectamente, conforme a la voluntad de Dios, si no acude al Padre a presentarle la propia vida. Tobías vuelve a su padre antes de emprender el viaje. El padre le había dicho: «Encuentra a un hombre y vete a Ragués de Media». Si nos ponemos estrictos, el muchacho podría haber partido de viaje cuando encontró a Rafael. Sin embargo, el corazón de este muchacho nos revela algo maravilloso que hoy ha de ser luz para nuestra vida de oración: interrumpe su misión sin importarle ni el tiempo, ni el resultado, ni las consecuencias (tengamos en cuenta que él no sabe que ha hablado con Rafael, piensa que se trata de un hombre cualquiera que está buscando trabajo –según le ha dicho– y que podría haber encontrado otro patrón mientras Tobías iba a hablar con su padre). Da igual. Tobías tiene que hablar con su padre antes de continuar con la misión, porque la misión no es suya, es del padre, que se la ha confiado.

Nuestra vida de oración y el contenido de nuestra oración tienen que ser también un poco así. Primero, desde la conciencia de que mi existir tiene un sentido en el corazón de Dios, que es quien me ha puesto en este mundo y en este tiempo. Es voluntad de Dios que yo sea quien soy. Es voluntad de Dios que yo desempeñe esta misión específica, la que voy descubriendo cada día en mi vida. Y hay que estar muy atento para no dejarse engañar por el Tentador, que tratará de convencernos de que urge hacer muchas cosas, incluso cosas preciosas, pastorales, caritativas, y por esas cosas dejamos de lado la oración por no interrumpir «lo más importante», nos dirá la voz engañosa del Maligno. ¡No! Si no soy capaz de interrumpir esas cosas importantes, estaré descuidando lo verdaderamente imprescindible: «Voy a decírselo a mi padre». Porque soy consciente de que lo que vivo es Dios quien me lo ha confiado, pues la vida es suya como suyo es el perdón, la alegría, la paz que me nace dentro. Todo es de Dios. Y como Tobías, voy a mi Padre Dios a hablarle de lo que voy haciendo, de lo que voy sintiendo, de lo que voy pensando, de lo que me va pasando. Porque el Padre Dios es el único que me puede orientar. «Voy a decírselo a mi padre» como Tobías, porque mi vida es suya, es de mi Dios que me ama y con su amor ilumina mis dudas y me reanima cuando me canso o me serena cuando me enfado, y me consuela cuando estoy triste. Así es mi Dios, que es mi Padre. Y así va siendo mi oración, que ahora es respuesta a lo que primero he escuchado de él.

El joven Tobías acude a su padre con confianza y con alegría porque viene a él a contarle un éxito: en el primer intento ha cumplido bien el encargo. Tal vez esa forma de dirigirse al padre pueda ser fácil. Me refiero ahora a la vida de oración, cuando las cosas van bien y acudimos a Dios en nuestra oración para alabarlo, bendecir su nombre porque la vida sonríe. Pero ¿qué sucede cuando no es así? Hay un episodio muy popular que narra el evangelista san Lucas y que responde, de alguna manera, a este interrogante. Otro joven decide también «ir a su padre» –las dos expresiones, la de Tobías y la de este joven, en la lengua griega son muy semejantes–, pero no desde el éxito, sino desde el más rotundo fracaso. Ha roto la armonía familiar, ha incurrido en muchas faltas de moralidad, ha insultado su propio ser al alejarse del padre y perder así su identidad de hijo («no soy digno de llamarme hijo tuyo», llegará a decir). Este hijo también va a su padre (cf. Lc 15,11-31), pero con un gran pesar. Finalmente, ha comprendido que el padre puede escucharlo y acogerlo, aunque inicialmente no se imagina cómo será esa acogida, que revelará una infinita misericordia. Lo cierto es que los dos muchachos van al padre, y más cierto aún que lo que tienen en común estos dos padres es un amor inconmensurable por su hijo. En verdad que la vida de oración nos revela este misterio: Dios es Dios siempre, y siempre es misericordia y gracia, aunque uno venga del fracaso, pues no es el mérito del orante lo que hace buena la oración, sino el amor del Padre, siempre dispuesto a escuchar, acoger, acompañar, sanar.

No vamos a abundar más en esta estación. Creo que está suficientemente claro. «Voy a decírselo a mi padre» debería ser en nuestro corazón una letanía que resonase a diario. Me ha pasado esto, «voy a decírselo a mi padre»; me siento cansado, «voy a decírselo a mi padre»; me gustaría que las cosas fueran así, «voy a decírselo a mi padre»; me acaban de hacer esta propuesta, «voy a decírselo a mi padre»; me acabo de llevar una alegría grande, «voy a decírselo a mi padre».

«Voy a decírselo a mi padre» es un regalo que Dios nos ha hecho y que nada nos podrá quitar. Es el don de la filiación y la gracia de la confianza serena y firme en que él siempre nos escucha. Siempre.

Quinta estación: «Ten ánimo» (5,10)

Ana llora porque su hijo se va a ir y se va a enfrentar a muchos peligros. Hace falta confiar en que vaya a regresar con éxito, sano y salvo. La confianza es motor de paz y de esperanza. Si no se confía en que algo es posible, si no se cree con fuerza que las cosas van a ir bien, se experimenta una gran ansiedad que genera dolor y que acaba minando la alegría y las ganas de vivir.

La llamada de Tobit a su mujer a la confianza se apoya en la misma confianza que él tiene en Dios. Después el mismo Tobit será llamado a tener fe en el Señor cuando Rafael le prometa que se curará.

Ambos esposos tendrán que avivar su fe y vivir su rutina venciendo los malos pensamientos, las ideas rumiantes de fatalidad y el desánimo.

También a nosotros nos pude suceder que se nos instale en los pasillos menos iluminados del alma un cierto desánimo porque no vemos claras las cosas. Cuando tenemos que renunciar –como Ana renunciará a la presencia de su hijo– a aquello que hemos aprendido a amar, eso nos genera un cierto desgarro en el corazón. Sin embargo, Tobit sabe que es una renuncia necesaria, que hará bien tanto a los ancianos padres como al joven hijo. Y así también nuestras renuncias, cuando vienen inspiradas por el Espíritu Santo de Dios, que habla en la comunidad, apuntan a un final feliz en el que debemos confiar.

10

UN PELIGRO MUY OPORTUNO

Normalmente, si uno ha descansado bien, por la mañana no se siente cansado. La experiencia del cansancio está relacionada con el caer de la tarde, y más aún con las últimas horas del día, sobre todo si ha sido un día de camino largo y duro.

En este momento, Tobías y el ángel han emprendido su marcha y, después de una dura jornada, se disponen a descansar. Un descanso totalmente necesario y legítimo en cualquier tarea que una persona emprenda, sobre todo si la emprende en nombre del Señor. A este detalle de nuestra historia vamos a prestarle atención para empezar nuestra meditación. En segundo lugar, el relato nos habla del contratiempo que sufrió Tobías cuando se acercó al río. Después, cómo el ángel interviene, pero no de la forma que hubiera esperado Tobías o tal vez el lector de la historia. Y, finalmente, contemplaremos la Providencia misteriosa de Dios, que transforma los obstáculos convirtiéndolos en oportunidades.

El texto:

> Cuando partieron el joven y el ángel, el perro marchó con ellos. Caminaron hasta el anochecer y acamparon junto al río Tigris. Tobías bajó al río para lavarse los pies. Entonces saltó del agua un pez enorme

que estuvo a punto de devorarle un pie. Él gritó y el ángel le dijo: «Atrápalo y no lo sueltes». Tobías se apoderó del pez y lo arrastró a tierra. El ángel añadió: «Ábrelo, sácale la hiel, el corazón y el hígado y guárdalos, porque sirven de medicina. Los intestinos, tíralos». Tobías abrió el pez y le extrajo la hiel, el corazón y el hígado. Después asó una parte del mismo pez, se la comió y saló el resto. Luego continuaron el viaje los dos juntos hasta llegar cerca de Media. Entonces el joven preguntó al ángel: «Hermano Azarías, ¿para qué remedios sirven el corazón, el hígado y la hiel del pez?». Él respondió: «Si un hombre o una mujer padecen ataques del demonio o de un mal espíritu, quemas el corazón y el hígado del pez ante ellos y el humo hará desaparecer para siempre los ataques. Si alguien tiene los ojos afectados por manchas blancas, se los untas con la hiel, soplas sobre ellos y queda curado» (6,1-9).

Primer detalle: el cansancio del viaje empieza por los pies

La Sagrada Escritura siempre es muy realista. Su mensaje es de vida y esperanza, pero eso no significa que no retrate la realidad con verdad, y no pocas veces hasta con crudeza. Y esto es así porque la divina revelación da a conocer lo profundo del corazón del hombre, donde juntamente con todo lo bueno habitan también las debilidades humanas.

De este modo, el cansancio forma parte de la realidad, de la vida de las personas. Haber emprendido una tarea en nombre del Señor no exime a la persona de padecer todo cuanto la naturaleza humana conlleva en su propio ser. Es decir, sería una gran torpeza y una imprudente ingenuidad pensar que, cuando trabajamos para el Señor y con la fuerza del Señor, nos vamos a ver librados de todo tipo de amenazas, tanto internas como externas.

En este punto de nuestro viaje con Tobías, el joven se siente cansado. La tarea que ha emprendido es nueva para él y está aprendiendo a medir sus fuerzas. Ha iniciado el camino con el ardor de la novedad y con la ilusión que se vive en la juventud, pero pronto ha experimentado el *cansancio,* pues poco a poco irá descubriendo que el empeño que se le ha propuesto es grande y duro. Por eso baja al río. El agua que corre es siempre en la Sagrada Escritura fuente de vida y de renovación, aunque también será una iniciación que uno debe atravesar. Como el pueblo guiado por Josué al llegar a la tierra prometida, que se ve en la tesitura de atravesar el Jordán (Jos 3,1-17), no podrán hacerlo si no es con la ayuda del Señor y después de haber descansado. Y como el mismo Señor Jesús, que en su naturaleza humana experimenta también el cansancio y se sienta al borde de un pozo a descansar (Jn 4,6).

A cada uno de nosotros el Señor nos ha puesto en un camino. Muchos de nuestros caminos, a su vez, los recorremos compartiéndolos con otros hermanos. Y todos, en algún momento, experimentamos el cansancio. Cada cual por un motivo, pero todos desde la misma debilidad. Conocer esta parte de nuestro ser y saber que forma parte también del plan de Dios nos libera de muchos pesares. No podemos sobrecargar nuestras espaldas cuando la debilidad se nos presenta como una tormenta de verano sin avisar, pero con fuerza. Es preciso descender a las aguas de la renovación y sumergir los pies en el río del descanso para poder continuar. Nadie es tan fuerte que no precise del auxilio de Dios. No lo fue ni el mismo Jesús de Nazaret.

Segundo detalle: ¿un pez grande o un susto enorme?

Lo que le sucede aquí a Tobías es narrativamente muy simpático y psicológicamente muy evocador. Vamos a verlo. Según la narración, Tobías ve un pez que se acerca a él mientras se está refrescando los pies en el río. Posiblemente, en la mente y en el corazón del Tobías del relato estarían otras historias de peces, como la del profeta Jonás, que fue tragado por un pez y estuvo en su vientre tres días y sus tres noches (Jon 2,1). Y, claro, a Tobías no le debía apetecer nada perder ese tiempo, y mucho menos de esa manera. Más aún, lo de Jonás sucedió así a causa de su negativa a obedecer el designio del Señor (Jon

1,3), mientras que Tobías se había mostrado obediente en todo a los deseos de su padre.

El caso es que Tobías se asusta mucho y grita. Sin
embargo, él mismo sacará al pez del agua, lo cual
significa que el animal no era tan grande como inicialmente le había parecido. Y este detalle me parece, de nuevo, de gran interés para nuestra propia
vida y espiritualidad. ¿En qué sentido? Todos experimentamos –como hemos dicho hace un instante–
la debilidad en algún momento de nuestra vida. Y
en esa circunstancia nuestra percepción de la realidad se ve distorsionada en distintos modos. Cuando
estamos debilitados, nuestros límites se ponen de
manifiesto con mayor fiereza y nuestros temores adquieren unas dimensiones descomunales, al menos
en nuestra percepción. Lo vemos todo enorme, capaz de comernos, como la «ballena» se tragó a Jonás.

La experiencia de Tobías en el río es esta: desco-
noce la realidad de los peces del río Tigris. Aunque
ha vivido toda su vida en Nínive, su actividad no ha
sido la pesca; y aunque ha escuchado muchas veces
la historia de Jonás, nunca ha visto un pez como
aquel que se tragó al profeta. Tobías ha alimentado
sus temores en la ignorancia, en el desconocimiento
de unos peligros que él mismo ha hecho crecer en
su imaginación. Y grita porque el miedo se apodera
de él, lo posee y lo domina.

La experiencia de la fe tiene el poder doble de
enfocar acertadamente la mirada sobre la realidad y
de liberar a las personas del miedo. Desde la fe, los

obstáculos a los que nos enfrentamos adquieren un colorido distinto y una luminosidad más viva. Si nos dejamos poseer –como le pasó al joven Tobías– por el miedo, cedemos nuestro espacio interior a algo que no se corresponde con nuestra vocación: hemos sido inundados por el Espíritu Santo que Dios nos ha regalado en nuestro bautismo y que nos consolidó en la confirmación; abrir las puertas del alma al miedo es ofuscar el don de Dios, y eso no apunta a la fidelidad ni a la santidad. Es verdad que hay muchas ocasiones en las que las dificultades a las que nos enfrentamos en nuestra vida de fe son poderosas, que se presentan sin esperarlas y nos pillan desprevenidos, como el pez ese que parecía querer comerse a Tobías. Por eso es tan necesario vivir en la santa tensión de estar siempre atentos y preparados. La tentación ataca pertinaz y obstinada y golpea donde sabe que más nos puede herir.

La recepción del Espíritu Santo mediante la imposición de las manos en el bautismo y la confirmación nos fortalece y ayuda a acrecentar nuestra fe. Sin embargo, no nos exime de experimentar lo mismo que experimentó el joven Tobías frente al río y ante el peligro del pez aquel. En primer lugar, las dificultades llegan sin que las busquemos, al menos de un modo consciente, y ese «factor sorpresa» puede constituir para el Tentador una ventaja contra nuestra paz interior. En segundo lugar, llegan con fuerza porque aparecen en momentos de debilidad. Ahora bien, como hombres y mujeres de Cristo, hemos de tomar conciencia firme y cierta de que la debilidad no es propiamente un obstáculo para el desarrollo de nuestro ministerio, pues, como confiesa san Pablo escribiendo a los Corintios:

> Para que no me engría se me ha dado una espina en la carne: un emisario de Satanás que me abofetea para que no me engría. Por ello, tres veces le he pedido al Señor que lo apartase de mí y me ha respondido: «Te basta mi gracia: la fuerza se realiza en la debilidad». Así que muy a gusto me glorío de mis debilidades, para que resida en mí la fuerza de Cristo. Por eso vivo contento en medio de las debilidades, los insultos, las privaciones, las persecuciones y las dificultades sufridas por Cristo. Porque cuando soy débil, entonces soy fuerte (2 Cor 12,7-10).

Tercer detalle: gestiona tú tus propios miedos

El susto ha hecho que Tobías grite (6,2). Narrativamente, es una reacción espontánea y tiene una función estilística, y nada más. Sin embargo, el grito manifiesta siempre –al menos– dos cosas: la primera, la angustia interior que la persona experimenta ante la amenaza inesperada; la segunda, que hay alguien que escucha.

Tobías se asusta porque no se esperaba aquel contratiempo y porque en él ve una amenaza que le supera. En una fracción de segundo, el joven Tobías se ve desbordado, incapaz de gestionar él solo aquella amenaza que le parece tan grande. Y grita porque sabe que hay alguien que le está escuchando y porque espera que intervenga, que le saque de aquel atolladero en el que se ha metido, tal vez por inexperiencia, tal vez por ingenuidad o tal vez por insensatez. Pero ¿cómo interviene el ángel? ¿Cuál es la ayuda que le presta aquel a quien clama y grita Tobías?

Estos detalles me parecen –y perdón por la insistencia– de un enorme provecho para nuestra espiritualidad. Lo primero, porque el clamor de Tobías revela a su vez la confianza que pone en otro. Su corazón es noble y no se siente autosuficiente, sino que con humildad se abre a la acción misericordiosa de Dios y a su auxilio providente, como expresa el salmista confiado que reza al Señor:

> Señor, escucha mis palabras,
> atiende a mis gemidos,
> haz caso de mis gritos de auxilio,
> Rey mío y Dios mío.
> A ti te suplico, Señor.
> Por la mañana escucharás mi voz,
> por la mañana te expongo mi causa
> y me quedo aguardando (Sal 5,2-4).

El salmista sabe que no son los malvados, los arrogantes ni los mentirosos los que entran en la casa del Señor (Sal 5,5-9). Para gritar al Señor es preciso cultivar un corazón sencillo, honrado y humilde y dejar que aniden en él sentimientos de justicia y verdad. La autosuficiencia es el vicio de los descreídos y de los que desprecian a los demás, incluido al Señor. Y son mudos. Los autosuficientes no tienen voz con la que clamar el auxilio del Señor, porque la han enmudecido con la fuerza de su propia soberbia. Pero este no es el caso de Tobías... ni debe ser el nuestro.

En segundo lugar, Tobías grita porque espera una intervención de parte de Azarías, su misterioso acompañante. Lo que el joven espera es que el otro lo libre del peligro, que lo saque de allí o que espante al monstruoso pez que le amenaza. Y aquí viene algo que me maravilla: la intervención del ángel en favor de Tobías no suple las capacidades del propio Tobías. Le indica lo que tiene que hacer, pero no lo hace por él.

La Providencia de Dios no es un teatro de guiñol. Los seres humanos no somos marionetas en manos de un ser omnipotente que dirija las voluntades de los hombres. Esa no es nuestra fe. Nuestra fe se fundamenta en un Dios tan dispuesto a amar a sus hijos que les regala la libertad como premisa básica de su ser, e ilumina su camino para que descubran que nunca serán más libres que cumpliendo su voluntad.

Al afrontar nuestros miedos, el Señor nos da la luz que necesitamos y tal vez tenemos extraviada. Y nos fortalece con el auxilio de su santo Espíritu, pero no interviene violentando nuestra propia libertad ni nuestra propia naturaleza. Esto es maravilloso porque desvela que no hay reto que nos pueda vencer si nos mantenemos bajo la luz del Señor, pues por grande que sea nuestro pesar o nuestra dificultad, mayor es la misericordia de Dios con nosotros. Como hace el ángel con Tobías, que simplemente le indica lo que debe hacer, lo anima: «Atrápalo y no lo sueltes» (6,3). Y el joven Tobías confía en su guía y hace aquello que ha oído que debe hacer, cree en él mismo porque otro le ha hecho creer que es capaz cuando le ha dicho lo que debe hacer. Así de simple.

Cuarto detalle: ¿y qué tenemos que hacer con el hígado y el corazón?

Terminamos esta meditación con un detalle muy significativo de nuestra historia. Hasta aquí, si nos ponemos en el lugar de Tobías, tiene lógica lo que Azarías le ha dicho que se puede hacer con la hiel (6,9). Tobías se ha dejado en Nínive a su padre ciego y, si la hiel puede quitar las manchas blancas de los ojos, es una gran esperanza. Sin embargo, Azarías le ha explicado primero la utilidad del hígado y el corazón (6,8), como si eso fuera importante en este momento de su vida. Tobías ha tenido que afrontar su miedo y con las indicaciones y el apoyo del ángel ha logrado superarlos. Además, ha convertido su obstáculo en una oportunidad, porque al vencerlo no solo se ha liberado de su miedo, sino que ha obtenido un remedio para devolver la vista a su padre. Ahora, además, los lectores sabemos que el joven Tobías lleva consigo algo más, el remedio para salvar a la otra familia que la historia nos presentó en los primeros capítulos, y a la joven que está destinada a ser su esposa. Él, sin embargo, aún no lo sabe.

¿Qué sucede cuando uno se abandona en las manos del Señor? ¿Cómo cambia la vida de una persona que escucha a Dios en su vida cotidiana y se fía de él, aunque no tenga claro cada detalle de lo que sucede? ¿En quién repercute la vida de fe de una persona? Al fiarse de la palabra del ángel, Tobías ha crecido humana y espiritualmente. Ha salido victorioso y se sabe fortalecido. Y aunque no encuentre un sentido total a lo que su compañero de viaje le ha dicho que haga, ha seguido sus indicaciones con fidelidad. Esta disposición humilde de su corazón anticipa un final lleno de bendiciones que no se agotan en su propia persona, sino que abarcarán las vidas de algunas más: de las dos familias que pronto se convertirán en una sola.

Cuando nos fiamos del Señor, cuando aceptamos sus designios escuchando la voz que nos llega a través de la comunidad, que unida en oración y fiel al carisma recibido interpreta la voluntad del Padre para cada uno y para todos; cuando somos dóciles y abrimos la mirada para contemplar más allá de nosotros mismos, entonces esta fe que activamos personalmente tiene una repercusión en los demás. La fe es un don comunitario que fecunda cada corazón y los une a todos como las ramas de un mismo árbol.

Dejemos aquí, por ahora, a Tobías y a Rafael. Meditemos sobre este viaje tan rico en el que les vamos acompañando y descubrámonos a nosotros mismos agraciados con las mismas bendiciones con las que el Señor fue haciendo crecer al joven Tobías con ternura y sin prisas.

11

EL AMOR QUE SALVA

En la meditación que vamos a contemplar en este momento, el joven Tobías va a tener que sobreponerse a un ligero pero determinante cambio de planes. Desde el principio se ha fiado de su guía, el que encontró cuando su padre Tobit le dijo que saliese a buscar a un israelita bueno y justo que conociera el camino a Media. Y ha seguido todas las indicaciones que este le ha ido dando, sin conocer su verdadera identidad, pero intuyendo que cuanto le indica es acertado y bueno. Ahora el ángel va a conducir la historia hacia donde verdaderamente la había orientado Dios desde el principio, como ya se nos había indicado en 3,16-17: «En aquel instante, la oración de ambos fue escuchada delante de la gloria de Dios, el cual envió al ángel Rafael para curarlos: a Tobit, para que desaparecieran las manchas blanquecinas de sus ojos y pudiera contemplar la luz de Dios; a Sara, hija de Ragüel, para darla en matrimonio a Tobías, hijo de Tobit, liberándola del malvado demonio Asmodeo».

De este plan no tenían conocimiento ni Tobit, ni Tobías, ni Sara, ni nadie de su familia. Solo Dios y los lectores. Y aun así solo Dios sabía el modo en que se llevaría a término.

En esta breve meditación vamos a realizar también cuatro paradas fijándonos, en primer lugar, en lo inesperado de la iniciativa del ángel; seguiremos con un Tobías que va madurando; contemplaremos cómo el saber de Dios lo abarca todo, y concluiremos con una mirada a la oración.

El texto:

Cuando entraron en Media, ya cerca de Ecbatana, Rafael dijo al joven: «Hermano Tobías». Este respondió: «Dime». Prosiguió Azarías: «Pasaremos la noche en casa de Ragüel. Este pariente tuyo tiene una hija llamada Sara. Es hija única. Tú, como pariente más próximo, tienes derecho preferente a casarte con ella y heredar los bienes de su padre. La joven es prudente, decidida y muy hermosa. El padre es un hombre honorable». Y añadió: «Conviene que la tomes por esposa. Hazme caso, hermano. Yo hablaré de ella al padre esta noche, para que te la conceda como prometida. Celebraremos la boda a nuestro regreso de Ragués. Estoy seguro de que Ragüel no te la negará ni la casará con otro, pues se haría reo de muerte según lo previsto en el libro de Moisés. Él sabe que tienes derecho preferente a casarte con ella. Óyeme bien, hermano: esta noche hablaremos de la joven y la pediremos en matrimonio y, cuando volvamos de Ragués, la recogemos y la llevamos con nosotros a tu casa». Tobías respondió a Rafael: «Hermano Azarías, me han dicho que la joven se ha casado ya siete veces y que todos los maridos han muerto la misma noche de la boda al pretender acercarse a ella. Me han dicho también que es un demonio quien los mata. Tengo miedo, porque a ella el demonio no le hace ningún daño, pero da muerte al hombre que intenta acercarse. Soy hijo único y temo que, si muero, la pena por mi pérdida lleve a mis padres al sepulcro. No tienen otro hijo que los entierre». El ángel replicó: «¿Has olvidado el encargo de tu padre: que te casaras con una mujer de la familia? Escúchame, hermano. No te preocupes del demonio y cásate con ella. Estoy seguro de que esta noche te la darán por esposa. Cuando entres en la alcoba, toma una parte del hígado y el corazón del pez y arrójalo en el brasero del incienso. Cuando el demonio perciba el olor de lo quemado, huirá y nunca más se le acercará. Y antes de unirte a ella debéis orar los dos en pie, suplicando al Señor del cielo que os conceda su misericordia y protección. No temas, porque está destinada para ti desde la eternidad. Tú la salvarás y ella se irá contigo. Estoy seguro de que te dará unos hijos que serán como hermanos para ti. No te preocupes». Tobías, teniendo en cuenta lo que decía Rafael y que Sara era pariente suya, de la familia de su padre, se enamoró intensamente de ella (6,10-19).

Primera parada: una iniciativa inesperada

El plan estaba trazado desde el principio en la mente de Dios. Lo anunciaba el narrador del libro en los primeros capítulos y preparaba así al lector para lo que había de venir. Sin embargo, solamente Dios podía saber cómo iba a llevar a cabo ese plan. Ahora es el momento de desvelárselo a Tobías. Hasta ahora se ha ido preparando, se ha ido ejercitando en la obediencia y en el seguimiento de alguien en quien ha depositado su confianza, pero ahora se le pide algo más, algo que además lo saca de su zona de confort, porque es totalmente distinto de lo que inicialmente se le había planteado.

Todos, de algún modo, experimentamos la atracción hacia nuestras particulares zonas de confort. Se trata de aquellas rutinas y dinámicas que nos generan seguridad, confianza, que hacen que podamos vivir sin grandes sorpresas y nuestro día a día se rija por una tranquilidad suficiente y unos sobresaltos tolerables. En las zonas de confort también entramos con otras personas: aprendemos a tratarnos y a soportarnos dentro de unos límites, y eso nos hace formarnos una opinión acerca de los otros y conocer lo que podemos esperar de ellos y lo que no. Entrar en las zonas de confort no es algo malo. Incluso diría que es ciertamente necesario para conseguir una psicología equilibrada. Ahora bien, eventualmente es necesario pisar los límites de estos espacios, e incluso abandonarlos. Cuando nos anquilosamos en ellos, comprometemos nuestra libertad, porque en realidad, con mayor o menor conciencia, somos cada uno los que nos vamos construyendo esas seguridades y esas preconcepciones (y a veces prejuicios). Es Dios quien nos ha puesto delante todas las opciones, pero son tantas que solamente hemos ido tomando aquellas que nos han parecido buenas para nosotros, y eso acaba distorsionando el plan de Dios en nuestras vidas. Por eso es bueno, de vez en cuando, que el Señor nos dé una sacudida y nos muestre un camino nuevo y reorientado hacia su plan inicial.

Y es lo que le pasa a Tobías en este momento. Lo de recuperar un préstamo antiguo de su padre no está mal; formar una familia con una desconocida, eso ya merece pensárselo un poco más. Sobre todo porque la muchacha acarrea una historia truculenta de viudedades prematuras. Es preciso pensarlo mucho. Y desde luego confiar mucho en el Señor.

Segunda parada: Tobías va madurando; sus temores, también

Otro detalle importante de este texto es la objeción que Tobías pone al plan que le presenta Azarías. Tobías ha oído hablar de los peligros que entraña casarse con esta muchacha y experimenta un nuevo miedo. Pero como en todo este tiempo ha ido madurando, su temor ha ido madurando con él. ¿En qué sentido? Cuando se tuvo que enfrentar al pez, lo que temía era ser engullido por él. Temía por sí mismo, por su integridad y su seguridad. Ahora, sin embargo, Tobías ha salido de sí mismo y mira por otros. Su centro ya no es su propia persona, sino el bien y la integridad de sus padres ancianos. En el diálogo con el ángel, el motivo por el que inicialmente no quiere ponerse en riesgo no es él mismo, sino que en su argumento ocupan el centro sus padres: «Soy hijo único y temo que, si muero, la pena por mi pérdida lleve a mis padres al sepulcro» (6,15). Este planteamiento denota un salto cualitativo en el joven que había iniciado el viaje y que, a medida que recorre el camino, va adquiriendo una nueva lucidez que le hace enfocar la realidad desde una óptica completamente nueva, la óptica de la caridad efectiva, la que manifiesta para con sus padres.

Este pensamiento honra mucho al joven y lo eleva a una categoría moral superior. No se trata de que no quiera arriesgarse él, sino de que algunos comportamientos suyos pueden afectar enormemente la vida de otros a los que quiere bien y que sabe que le quieren bien. En pocas palabras, un temor equilibrado por el bien de otros es un gran gesto de misericordia y responsabilidad. Y eso nos plantea a nosotros el compromiso por aquellos con los que compartimos la vida. Afirmar –como hace Tobías– que yo no soy el centro, que hay alguien que está a mi lado y a quien mis acciones le pueden afectar, debe tensar en mí el compromiso a que las acciones mías que lleguen a afectarle sean para su bien.

Además, Tobías añadirá, como epílogo lógico de su argumentación, un pensamiento de carácter religioso según la Ley de Dios, pues dice también: «No tienen otro hijo que los entierre» (6,15). Con este «añadido» como su respuesta a su compañero de viaje, Tobías está manifestando que en su corazón habita la Ley de Dios de forma permanente. No se le olvidan los preceptos del Señor ni las recomendaciones que su padre le había dado antes de partir como testamento vital (4,3), donde la primera de las peticiones era precisamente que lo sepultara dignamente, igual que a su madre. Ahora el joven se siente vinculado a este legado de modo que forma parte de su realidad hasta el punto de identificarse con ello: no puede ponerse en riesgo porque en la raíz de su misión está el acto de misericordia de dar sepultura a los padres.

El cumplimiento, entonces, de un deber moral excelso nace y se nutre de una revelación. No se trata solamente –por muy loable que pueda llegar a parecer– de un acto de solidaridad y responsabilidad social para con los otros. Salir de sí mismo y no ser el centro de la vida y de la historia hacen que uno crezca y madure; hacerlo porque se ha descubierto en lo más íntimo del corazón la presencia de la Ley de Dios, que nos impulsa al amor de donación, a la corresponsabilidad para con los otros, nos hace elevarnos espiritualmente y contemplar la realidad desde una altura absolutamente reveladora.

Tercera parada: el saber total del ángel del Señor

En la conversación que mantienen Rafael y Tobías hay cosas que los lectores ya sabíamos, pero no todas. Tobías, desde luego, sabía muchas menos cosas que nosotros. Rafael, portador de la palabra de Dios, domina toda la situación. Sabe los efectos que va a tener el humo del corazón y el hígado del pez cuando sean quemados, sabe que la familia de Ragués tiene un vínculo legal con la familia de Tobit, y sabe que el futuro de la pareja será dichoso. De ahí que un sano ejercicio espiritual consista no tanto en saber lo que saben los ángeles, sino en dejarnos guiar por su saber.

En otras palabras, la promesa de Dios se hace manifiesta en términos de vida o, lo que es lo mismo, en términos de triunfo del bien sobre el mal. Y eso lo sabemos y lo vivimos constantemente en nuestro acercamiento a la Sagrada Escritura, cuando vivimos los sacramentos, cuando realizamos actos devocionales. Total, que siempre, siempre, nuestra fe eclesial apunta al éxito del plan de Dios y a la consecución de la alegría plena, que es lo que Dios quiere para todos sus hijos.

Ahora bien, en esta historia que venimos contemplando se nos presenta el modelo de alguien que cree de verdad en esa promesa, y por eso dirige sus pasos conforme a esa misma fe. Lo que le mueve es una esperanza que roza la ingenuidad, porque como un niño pequeño se deja llevar de la mano del que considera su hermano mayor, su guía y su defensor en el peligro. Tobías encarna aquí la bienaventuranza de Jesús: «Si no os hacéis como niños, no entraréis en el reino de los cielos» (Mt 18,3), adoptando una actitud de confianza filial total. El corazón de Tobías no es el de un niño porque viva ingenuamente admirado ante su pariente mayor, que muestra entereza, control de la situación, capacidad de liderazgo y un orgullo sano que lo coloca como modelo. Todo eso puede haber sido el germen de lo que ha nacido después en este joven: la confianza de que la promesa se cumple. Es fe lo que Tobías manifiesta porque en la palabra del que cree su pariente encuentra luz y esperanza, y de esa esperanza le nace la confianza en la que se apoya para hacerse como un niño abandonado en los brazos de quien lo lleva por el buen camino. Incluso cuando Tobías sigue sin ver cómo ocurrirá todo cuanto el ángel le está anunciando, porque va descubriendo que la promesa supera siempre las expectativas humanas y apunta siempre a un bien mayor. Por eso no se deja vencer por el desánimo o la indiferencia, que son estados de ánimo y emociones que el corazón de un niño no conoce.

Cuarta parada: más allá de la superstición, la oración que salva

Para terminar, el ángel ha dado instrucciones a Tobías de qué hacer en la noche de bodas para evitar acabar como los otros siete esposos de Sara. Pero estas instrucciones no se centran en un remedio de corte supersticioso, realizar un ritual que debía de ser horrible por la pestilencia que generase dentro de una alcoba quemar las vísceras de un pez muerto. Veamos los dos detalles magníficos.

En primer lugar, el libro de Tobías viene insistiendo en el cumplimiento de la Ley de Moisés. Dios ha dado a su pueblo una guía para alcanzar la santidad, y cuando el pueblo se desvía de esta guía incurre en el pecado que provoca el desastre y conduce a la muerte personal y social. Por tanto, hay que insistir en volver, volver, volver a la Ley como camino hacia la salvación. En el caso de Tobías y Sara, la insistencia es que «tú, como pariente más próximo, tienes derecho preferente a casarte con ella» (6,12). Para los lectores actuales, estas palabras pueden no significar mucho y, sin embargo, nos desvelan algo fundamental: la Ley instruye los corazones de los hombres para que alcancen la virtud de la santidad. Cuando se evoca el derecho preferente de Tobías, se está afirmando que en el plan eterno de Dios Padre este matrimonio se corresponde con su divina voluntad. ¿Por qué han fallecido los siete maridos sin consumar el matrimonio con Sara? La respuesta que está ofreciendo el ángel a esta cuestión es porque ninguno de ellos se acercó a ella por derecho, es decir, según el plan de Dios. De ahí que les sobreviniera la muerte, pues quien se desvía o contraviene el plan de Dios se precipita al abismo.

Esta forma de hablar puede ser dura, pero buena experiencia tenemos de ello cuando nos hemos dejado llevar por la tentación y hemos caído en el pecado soberbio de creernos más listos que Dios, y hemos dado pasos en dirección contraria a su santa voluntad. ¡Cómo hemos experimentado muerte e infecundidad al alejarnos de Dios! Es el tiempo de buscar con humildad el camino de regreso. Y es lo que ha venido a hacer Rafael con Tobías y con Sara: enseñarles que aquello que exorciza todos sus males no es un ritual mágico, sino el cumplimiento de la Ley de Dios, que en el texto griego viene expresado con el sustantivo *klēronomía,* «la heredad» (6,12), pues solo a Tobías le corresponde la herencia del don de la alianza sagrada con Sara. Si se es fiel a la heredad que Dios ha designado, entonces triunfará la vida y caerá vencido el demonio que atormenta a esta familia.

En segundo lugar, hay otro detalle maravilloso que nos desvela la forma única de alcanzar ese conocimiento sublime de la voluntad de Dios. No es algo nuevo, pues se repite por activa y por pasiva en toda la historia de la salvación: la oración. Es el vehículo sobre el que desplazar nuestra existencia hacia los pastos abundantes de vida y bendición. El ángel ha dicho a Tobías que realice un ritual de cremación del corazón y el hígado del pez, sí. Pero la cosa no termina ahí, ni mucho menos. Dice Rafael a Tobías: «Antes de unirte a ella debéis orar los dos en pie, suplicando al Señor del cielo que os conceda su misericordia y protección» (6,18). Es hermoso. Es Dios quien libera a la persona a través de la oración. Y esta es nuestra experiencia. En la oración encontramos la liberación y el sentido de todo cuanto vivimos, y nos abrimos a acoger su santa voluntad.

En conclusión, un joven que vive todavía de la fe ciega en lo que le dice su padre, que se fía de un extraño por el simple hecho de venir de la familia y de ser acreditado por su padre, tiene la experiencia de madurez de tener un criterio propio, pero uno que no se basa solo en su subjetividad, sino en su acercamiento al plan de Dios. Ese joven se va descubriendo a sí mismo, y en ese camino se abre a dones que hasta entonces no había imaginado. Dios lo va acompañando con paciencia a través del ángel y él va respondiendo con generosidad, valentía, audacia y docilidad, pero sobre todo con fidelidad.

Es nuestro tiempo ahora, el de meditar acerca de los caminos que se nos van presentando, de cómo el Señor ensancha los horizontes de nuestros planes para llevarlos a un destino sublime y de cómo también en nuestra vida el éxito estará garantizado cuando busquemos fielmente ser cumplidores de aquello para lo que Dios nos ha convocado al servicio de la Iglesia en el ministerio sacerdotal, la vida religiosa y desde el laicado de cada bautizado.

12

«¡TEN ÁNIMO, HIJA!» (7,17)

Todo judío piadoso y cumplidor de la Ley de Dios es por definición acogedor y tiene siempre las puertas abiertas a sus hermanos y compatriotas. Cuando un hermano de religión y de raza viene como peregrino, entra en casa como un hermano, pues la experiencia del destierro y del desierto han marcado profundamente a los judíos para siempre. Fueron peregrinos por el desierto y el Señor los socorrió, por eso ahora cada vez que un peregrino llega a las puertas de un judío, Dios actúa a través de la generosidad en la acogida que se le prodiga.

Tobías llega con Rafael a la ciudad de Ecbatana, donde viven Ragüel, pariente de Tobit, con su esposa Edna y su hija Sara, de la que ya sabemos que está necesitada de salvación por una intervención de Dios.

El desarrollo de este pasaje nos va a ayudar a meditar acerca de la premura de la salvación. El tiempo apremia y no es lícito distraerse con nada, ni siquiera con lo más fundamental, como comer y beber. Además, exploraremos el efecto que produce la palabra pronunciada desde el amor, cómo tiene la capacidad de transformar el ánimo de una persona y darle la serenidad que los contratiempos le han hecho perder.

El texto:

Cuando entraron en Ecbatana, dijo Tobías: «Hermano Azarías, condúceme rápido a casa de nuestro pariente Ragüel». Así lo hizo el ángel. Lo encontraron sentado a la entrada del patio. Al saludo de ambos él respondió: «Mi más cordial bienvenida. Espero que estéis bien». Los hizo entrar en casa y dijo a Edna, su mujer: «¿No se parece este joven a mi pariente Tobit?». Edna les preguntó: «¿De dónde sois, hermanos?». Respondieron: «Somos de la tribu de Neftalí, de los deportados a Nínive». Ella continuó: «¿Conocéis a nuestro pariente Tobit?». Ellos respondieron: «Claro que lo conocemos». «¿Está bien?». «Vive y está bien», contestaron ellos. Tobías precisó: «Es mi padre». Entonces Ragüel se levantó de un salto y, con lágrimas en los ojos, lo besó y le dijo: «Bendito seas, hijo. Tienes un padre bueno y noble. ¡Qué desgracia que un hombre tan honrado y generoso se haya quedado ciego!». Y echándose al cuello de su pariente Tobías lloró de nuevo. También lloraban Edna, su mujer, y Sara, su hija. Entonces Ragüel sacrificó un carnero y los hospedó con suma cordialidad. Después de bañarse y lavarse las manos, se sentaron a la mesa. Tobías dijo entonces a Rafael: «Hermano Azarías, di a Ragüel que me dé por mujer a mi pariente Sara». Ragüel lo oyó y dijo al joven: «Come, bebe y disfruta esta noche. Tú eres quien más derecho tiene a casarse con Sara. No podría yo dársela a otro, puesto que tú eres el pariente más próximo. Pero debo decirte la verdad, hijo. Ya se la he dado en matrimonio a siete parientes y todos murieron la noche de la boda. Ahora, hijo, come y bebe, que el Señor se cuidará de vosotros». Pero Tobías insistió: «No comeré ni beberé hasta que tomes una decisión sobre lo que te he pedido». Ragüel respondió: «De acuerdo. Te la doy por esposa según lo prescrito en la Ley de Moisés. Dios ordena que sea tuya. Recíbela. Desde ahora sois marido y mujer. Tuya es desde hoy para siempre. Hijo, que el Señor del cielo os ayude esta noche y os conceda misericordia y paz». Llamó Ragüel a su hija Sara y, cuando ella estuvo presente, la tomó de la mano y se la entregó a Tobías, diciendo: «Tómala por mujer según lo previsto y ordenado en la Ley de Moisés. Tómala y llévala con bien a la casa de tu padre. Que el Dios del cielo os conserve en paz y prosperidad». Llamó luego a la madre, mandó traer una hoja de papel y escribió el contrato de matrimonio: Sara era entregada por mujer a Tobías según lo prescrito en la Ley de Moisés. Después de esto comenzaron a cenar. Ragüel se dirigió a Edna, su mujer, y le dijo: «Querida, prepara la otra habitación para Sara». Así lo hizo Edna y llevó allí a su hija. No pudo evitar el llanto. Luego, secándose las lágrimas, le dijo: «¡Ten ánimo, hija! Que el Señor del cielo cambie tu tristeza en alegría. ¡Ten ánimo, hija!». Y se retiró (7,1-17).

Miramos la premura de Tobías

Los dos caminantes llegan a Ecbatana y el joven apremia a su guía para que lo lleve cuanto antes a la casa de Ragüel: «Hermano Azarías, condúceme rápido a casa de nuestro pariente Ragüel», le dice al ángel el muchacho enamorado, según nos ha dicho el final del capítulo precedente.

A través de este versículo me gustaría contemplar dos aspectos tiernos y simpáticos de la historia que se reproducen también en nuestra propia espiritualidad, y más aún en nuestra vida comunitaria. En primer lugar, me estoy refiriendo al ardor interior que nace en el corazón de la persona que se entusiasma por algo o por alguien. La experiencia de Tobías, que ha quedado enamorado de Sara antes de conocerla, porque Rafael se la ha presentado de tal manera que parece estar llena de virtudes («La joven es prudente, decidida y muy hermosa» [6,12]), es una experiencia propia de la juventud, del momento aquel en el que irrumpe la novedad y la sorpresa en el corazón y lo trastoca todo.

La experiencia de la vocación es también una experiencia de enamoramiento. Y si se me permite, un enamoramiento aún más sublime, pues sin intervenir ni mediar el Otro en forma corporal y en una presencia mística, el gancho por el que nos sentimos atrapados se ha enlazado mucho más hondo. Y nace, como en el caso de Tobías, un deseo, una expectativa y un amor.

El deseo ha supuesto en nosotros la purificación de lo mundano y lo carnal, pues ya no nace en las vísceras ni es una llamada de la naturaleza a perpetuarnos individualmente. Es un deseo del espíritu que solo quiere unirse en un desposorio interior con el Amado, al que se quiere sobre todas las cosas y por el que se adquiere una fuerza nueva para renunciar a todo, excepto a él. En el caso de Tobías, unos versículos después llegará a decirle a su futuro suegro que, si no formaliza el contrato matrimonial, no comerá nada (7,12). El deseo alimenta la determinación y hace que la decisión tomada se convierta en firme y segura, tanto que se es capaz de invertir la propia escala de valores para elevar al valor supremo el bien que se ha descubierto, el Señor.

La expectativa es el fruto primero de la visión del Amado. Nos sabemos en sus manos, sostenidos por su gracia; confiamos con una certeza indestructible que no nos fallará y que al dar la espalda al mundo y a sus seducciones no quedaremos en el desamparo, pues el hogar que nos recibe será para siempre infinitamente más alegre y sanador. Bien lo dejó dicho el Señor a sus discípulos: «Todo el que por mí deja casa, hermanos o hermanas, padre o madre, hijos o tierras, recibirá cien veces más y heredará la vida eterna» (Mt 19,29). La expectativa se sostiene en la promesa, no en una ilusión, sino en la fe en Dios. Se trata, entonces, de una expectativa garantizada. No se puede decir que un vocacionado sea un temerario que lo deja todo por nada o se arriesga irracionalmente. Bueno, poderse decir se puede, y de hecho el mundo lo dirá. Pero lo dirán aquellos que no hayan percibido el fuego de la mirada enamorada del Señor, que se ha fijado en mí sin que yo haya hecho nada para merecerlo.

Tobías tiene una determinación que nos sorprende, porque hasta ahora en la historia todo ha sido obedecer y seguir las indicaciones de otros. Ahora, sin embargo, en muy pocas palabras manifiesta una madurez muy elogiable. Ese salto solo tiene sentido en la lógica del amor, como las determinaciones que toman quienes con firmeza han hecho una opción fundamental por Cristo en el seno de la Iglesia consagrándose por entero a su seguimiento.

El amor, finalmente, es la meta cumplida que se alcanza en el momento mismo en que el corazón ha dicho «sí», como María, como cada uno de los santos que han hecho de su camino una imitación de Cristo. El amor aquel que comienza en la juventud del alma más que en la del cuerpo y es capaz de mantener joven al mismo corazón, aunque se peinen canas, y aunque se replieguen las orillas de la cara y de los labios, y aunque chirríen las articulaciones como chirrían los goznes de un portón antiguo y herrumbroso. Hoy es un buen día para recorrer nuestra historia personal de encuentro con el Señor en la juventud y descubrir que Dios no ha cambiado, que sigue siendo el mismo que nos miró y nos atrajo hacia él con lazos de misericordia. ¿Cuánto hemos cambiado nosotros? ¿Qué suscita en mi corazón la memoria de aquellos tiempos primeros en mi proceso vocacional? A Tobías lo ha acompañado Azarías, ¿quiénes estuvieron cerca de mí y fueron apoyo y guía? Es bueno hacer memoria agradecida de todo ello y bendecir al Señor.

La simpática picardía del joven astuto

Un segundo detalle de las prisas de Tobías me parece también oportuno para traer a nuestra meditación. En el mismo versículo del inicio de esta sección, Tobías ha pedido al ángel que lo lleve a casa de Ragüel. Sin duda alguna, Tobías no tiene tanto interés por el padre como lo tiene por la hija. Pero tiene que ser cauto, diplomático. En su petición se deja ver la intención de fondo con toda claridad, pero la mención del padre le sirve para no delatar su hermosa ansiedad, y para que el guía no pueda echarle en cara sus prisas por encontrarse con la muchacha. No sería apropiado que le pidiera ir a ella directamente.

En este detalle encuentro también un rasgo hermoso de la vida cristiana. Percibimos en nuestro corazón una llamada del Señor a seguirlo y a servir a su Iglesia. Nos decidimos a emprender un camino y hasta visualizamos una estrategia y un itinerario que nos ayude a completar ese plan. Sin embargo, en muchas ocasiones nos vemos obstaculizados por imprevistos o porque otras personas en nuestro entorno o a nuestro lado simplemente tienen otros planes. ¿Es malo, entonces, servirnos de una cierta picardía y de la astucia? «Sed sagaces como serpientes y sencillos como palomas» (Mt 10,16); la frase es de Jesús y es una instrucción a los discípulos cuando los envía a evangelizar como apóstoles. Y tiene su resonancia en cada uno de los que quieren ser fieles al Espíritu cuando el amor los mueve.

Muchas veces he pensado en este versículo a la hora de asumir las decisiones que mis superiores tenían dispuestas para mí. No siempre es fácil, creo que eso lo sabemos todos. Se produce a veces una lucha interna entre lo que uno quiere y lo que a uno le mandan. Pero ahí es donde interviene la voz del Señor, que nos llama a ser sagaces, pero también humildes. Lo uno y lo otro han de encontrar el equilibrio suficiente para que el resultado final sea efectivamente un reflejo de la voluntad de Dios. Por eso, cuando alguien ha recibido una inspiración, con ella recibe también el valor para presentarla con astucia, con valentía y con determinación. Y no es propio de los cristianos resignarse y guardarse en la recámara del alma una luz que posiblemente viene de Dios. Ahora bien, después de que se ha obrado en conciencia conforme a esa luz, el paso siguiente ha de darse con el pie de la humildad. La decisión última no puede ser una que nazca de la obcecación. Eso no es humildad, y por tanto no es santidad.

Cuando Tobías apremia a su futuro suegro a que le dé a Sara por esposa, espera la respuesta de este, y él, comprendiendo la justicia de la demanda, accede a la petición con honradez exponiendo los riesgos a los que se enfrentará el muchacho en la noche de bodas.

Así también nuestra vida cristiana. Hablar desde el corazón, y de corazón a corazón, es lo propio de los discípulos de Cristo. Obedecer de corazón también. Así que, después de haber revisado nuestra vocación, será bueno también que le demos una vuelta a la disposición de nuestros corazones a la hora de asumir el plan que Dios tiene determinado para nosotros. No se trata solamente de enumerar las veces que hemos sido dóciles a los mandatos de nuestros superiores o de la Iglesia en el caso de los laicos, sino de las veces que hemos sido fieles a los impulsos del Espíritu y hemos expuesto con humildad lo que estábamos percibiendo de parte del Señor. Porque esta fidelidad es la que hace crecer a nuestras familias religiosas y la que coopera con nuestros superiores en su tarea de gobierno, que no es otra cosa que ayudarnos a todos a conducirnos hacia la santidad.

«¡Ten ánimo, hija!» (7,17)

Una última palabra de un modo muy breve. El relato del contrato matrimonial de Tobías y Sara parece que es una cosa de hombres. Formalmente, las mujeres ni siquiera están presentes. A ellas les preocupan otras cosas. A Sara, en particular, le preocupa y le angustia la idea de tener que pasar otra vez por el calvario de ver fracasar su matrimonio. Siete veces son más que suficientes para darse cuenta de que empeñarse en eso no es lo que debe hacer, ¿o sí?

Si volvemos a la oración de Sara, cuando la encontramos al principio del libro, terminaba pidiéndole al Señor: «Si no quieres mi muerte, Señor, manda que me miren con benevolencia y tengan misericordia de mí» (3,15). La muchacha anhela encontrar la paz junto a un esposo, ese es su deseo y esa es su vocación. Se la pide al Señor, pero no ve claro que pueda llegar a suceder. Antes ha pedido la muerte porque ha perdido la confianza. Ahora, sin embargo, algo le va a devolver esa confianza con la que ya no cuenta, porque su historia personal ha minado los pilares de su fe en su proyecto personal. ¿Qué es capaz de devolver la fe? ¿De quién ha de ser la voz que la llame a creer de nuevo en su vocación?

Edna es el nombre de la madre de Sara, esposa de Ragüel. Parece un personaje ornamental, como si solo estuviera allí para rellenar un espacio o para justificar una escena. Sin embargo, la sola presencia de Edna y su sentencia transforma el momento por el que está atravesando la hija. La voz de Edna es la voz de la madre, una voz llena de amor y de nada más. Por eso Sara confía, recobra la fe en su vocación al matrimonio y accede a pasar la noche con Tobías, porque la anima la madre.

Es muy hermoso caer en la cuenta de la dulzura y cercanía con que la madre anima a su hija. En nuestro texto traducido solamente leemos en dos ocasiones a Edna llamar a Sara «hija», sin embargo, en el texto griego la primera de esas veces es una forma especial de parentesco, de cercanía y confidencialidad que le nace a la madre en las propias entrañas: *téknon*. Se trata de un vocativo que tiene su origen en el verbo *tíktō*, que significa dar a luz, engendrar. Al llamarla así la primera vez, Edna la está conectando con su propio corazón y sus entrañas de madre, la conecta con una fuerza vital, ancestral, que reside solo en el seno materno. No es casual que Jesús ponga en labios de otro padre el mismo vocativo muchos siglos después, queriendo mostrar lo mismo: un amor inconmensurable que está lleno de misericordia. Se trata nuevamente del relato del hijo pródigo en el evangelio según san Lucas. Cuando el hijo mayor se niega a entrar en la fiesta porque ha regresado su hermano y «ha vuelto a la vida» (Lc 15,32), con su gesto se separa del amor del padre, se considera a sí mismo un siervo y no un hijo. Sin embargo, el padre, que ha mostrado una misericordia infinita por el hijo menor, revela ahora de nuevo su identidad de padre para devolverle a este hijo mayor su identidad perdida, la de hijo, y lo llama así, *téknon,* hijo. Es el misterio de Dios que expresa el amor del padre, de la madre. Y ese es el sonido que le llega a Sara y que la anima, que la serena para afrontar de nuevo un trance por el que habría deseado no volver a pasar nunca más.

Así son también nuestras noches oscuras, espacios adonde debemos acudir a la voz de la Madre, que nunca falla, que mantiene firme la fe e ilumina el camino de la confianza. La voz de la Madre tiene el timbre y la cadencia del amor, porque a ella Dios la amó primero y la hizo llevar en su vientre al Autor de la vida y de la salvación. Y cuando nosotros sabemos escuchar su voz y sabemos silenciar otras voces, entonces el corazón recobra el ánimo y la firmeza y es capaz de seguir adelante, porque sabe que no camina solo.

13

LA TUMBA Y LA CONFIANZA DEL HIJO

La escena que vamos a contemplar en este momento se sitúa en dos espacios, uno de privacidad y otro público. El espacio de privacidad será la alcoba, donde, según las leyes propias de Israel –y de la misma naturaleza–, los esposos deben convertirse en cooperadores con la creación de Dios, como el Señor mandó desde el principio de los tiempos: «Creced y multiplicaos» (Gn 1,28). En la escena pública se sitúan los familiares de Sara, expectantes y nerviosos por todo lo que le ha sucedido a la muchacha desde la primera vez que fue desposada.

Estas dos escenas juegan con el lector a balancearlo entre la confianza y la duda, entre la esperanza y el miedo. Solo al final del episodio compartirán todos una misma alegría, la de la intervención providencial de Dios, que salva y redime.

Nosotros vamos a asomarnos a las dos escenas. En primer lugar, vamos a ver a un Tobías capaz de hacer memoria de lo vivido y aprendido; veremos cómo el bien vence al mal, porque la fe vence a la duda; seguiremos con la aclamación gozosa de los esposos, «amén, amén», y concluiremos reflexionando acerca de los cavadores de tumbas.

El texto:

Cuando terminaron de cenar y decidieron acostarse, acompañaron al joven hasta la habitación. Tobías, recordando lo que le había dicho Rafael, sacó de la bolsa el hígado y el corazón del pez y los arrojó en el brasero del incienso. El olor del pez expulsó al demonio, que huyó volando hasta la región de Egipto. Rafael salió inmediatamente tras él y lo retuvo allí, atado de pies y manos. Cuando todos hubieron salido y cerrado la puerta de la habitación, Tobías se levantó de la cama y dijo a Sara: «Levántate, mujer. Vamos a rezar pidiendo a nuestro Señor que se apiade de nosotros y nos proteja». Ella se levantó, y comenzaron a suplicar la protección del Señor. Tobías oró así: «Bendito seas, Dios de nuestros padres, y bendito tu nombre por siempre. Que por siempre te alaben los cielos y todas tus criaturas. Tú creaste a Adán y le diste a Eva, su mujer, como ayuda y apoyo. De ellos nació la estirpe humana. Tú dijiste: "No es bueno que el hombre esté solo; hagámosle una ayuda semejante a él". Al casarme ahora con esta mujer no lo hago por impuro deseo, sino con la mejor intención. Ten misericordia de nosotros y haz que lleguemos juntos a la vejez». Los dos dijeron: «Amén, amén». Y durmieron toda la noche. Ragüel se levantó y fue con sus criados a cavar una fosa, pues se dijo: «Es posible que haya perecido, y ello nos convierta en burla y escarnio para la gente». Cuando terminaron de cavar la fosa, Ragüel volvió a casa, llamó a su mujer y le dijo: «Manda que vaya una criada a ver si está vivo. Si ha muerto, lo enterraremos sin que nadie se entere». Encendieron una lámpara, abrieron la puerta e hicieron entrar a la criada. Ella los encontró acostados, durmiendo los dos juntos. Salió y les dijo: «Está vivo. No le ha pasado nada». Entonces Ragüel dio gracias al Dios del cielo: «Bendito seas, Dios, con toda verdad. Que te bendigan todos los siglos. Bendito seas por el gozo que me das: no ha pasado lo que me temía y nos has mostrado tu gran misericordia. Bendito seas por haberte compadecido de estos dos hijos únicos. Señor, derrama sobre ellos tu misericordia y protección. Concédeles larga vida de amor y felicidad». Después ordenó a los criados que tapasen la fosa antes del amanecer. Encargó a su mujer que cociera pan en abundancia. Él, por su parte, corrió al establo, tomó dos bueyes y cuatro carneros y mandó que los cocinaran. Así empezaron los preparativos. Entonces llamó a Tobías y le dijo: «Quédate aquí catorce días, comiendo y bebiendo conmigo y haciendo feliz a mi hija, que tanto ha sufrido. Después tomarás la mitad de mis bienes y volverás felizmente a casa de tu padre. Cuando hayamos muerto mi mujer y yo, también la otra mitad será vuestra. ¡Ten confianza, hijo! Yo soy tu padre, y Edna, tu madre para siempre, como lo somos de tu mujer. ¡Ten confianza, hijo!» (8,1-21).

Primera mirada: Tobías se acuerda de los consejos de Rafael

Para un judío piadoso, «hacer memoria» no es un ejercicio mental que consista en traer al recuerdo acontecimientos o datos pasados. La memoria siempre está relacionada con la intervención de Dios que salva. En este mismo sentido, estando injustamente retenido en un calabozo, el joven José, hijo de Jacob, le dice al copero del faraón cuando se lo llevan del mismo calabozo: «A ver si te acuerdas de mí cuando te vaya bien y me haces el favor de recordarme al faraón para que me saque de esta prisión» (Gn 40,14).

Desde la vivencia de la fe, Tobías debe acordarse de todo lo que ha ido aprendiendo junto a su padre y en las últimas semanas junto a Rafael, a quien él considera un pariente suyo, como un hermano mayor. El que quiera vivir fielmente no puede echar en el olvido la Ley del Señor:

> ¿Y dónde hay otra nación tan grande que tenga unos mandatos y decretos tan justos como toda esta Ley que yo os propongo hoy? Pero ten cuidado y guárdate bien de olvidar las cosas que han visto tus ojos y que no se aparten de tu corazón mientras vivas; cuéntaselas a tus hijos y a tus nietos (Dt 4,8; cf. 4,23.31; 6,12; 8,11.14.19; 9,7; 24,19; 25,19; 26,13; 31,21; 32,18).

Solo los que son leales y han recibido los mandatos del Señor no como una obligación, sino con agradecimiento y humildad, son capaces de vivir rectamente y de que sus días transcurran por los caminos del bien y la verdad. En otras palabras, la Biblia enseña constantemente que la *memoria* de la Ley del Señor salva, y que descuidarla es gran necedad, porque aboca a la persona a su perdición:

> ¿Brota el papiro donde no hay marisma?,
> ¿prosperan los juncos fuera del agua?
> Todavía verde, sin ser cortado,
> puede amustiarse antes que otra planta.
> Así termina quien olvida a Dios (Job 8, 11-13).
> Atención los que olvidáis a Dios,
> no sea que os destroce sin remedio.
> El que me ofrece acción de gracias,
> ese me honra;
> al que sigue buen camino
> le haré ver la salvación de Dios (Sal 50,22-23).
> Medito tus mandatos
> y me fijo en tus sendas;
> tus decretos son mi delicia,
> no olvidaré tus palabras (Sal 119,15-16).
> Si me olvido de ti, Jerusalén,
> que se me paralice la mano derecha (Sal 137,5).

Tobías no puede olvidar los consejos del ángel, porque se han insertado en su corazón. Y es mucho decir, porque dentro del relato sería del todo comprensible que en ese momento Tobías prestase más atención a otras cosas, que se dejase llevar por la pasión propia de la juventud y, sin embargo, lo que prima es el corazón y la memoria del Señor. De ahí que el relato explicite lo que hicieron después de rezar: «Y durmieron toda la noche» (8,9), no porque otorgue una consideración negativa a la unión sexual de la pareja, sino porque ambos ofrecen al Señor las primicias de ese momento juntos como oblación agradecida. Ya llegará el tiempo de compartir la hermosa intimidad del cuerpo y cumplir con el mandato de crecer y multiplicarse.

Cualquier cristiano que emprenda una tarea que entrañe cierta dificultad sabe que el Señor lo auxilia. Todos tenemos esta experiencia y nos apoyamos en ella haciendo *memoria* de lo vivido por la gracia del Señor: de su perdón, de su consuelo, de su fortaleza y las muchas alegrías que ha ido sembrando en nosotros. No obstante, no estamos exentos de dejarnos llevar por muchas distracciones, como les podría haber pasado a unos jóvenes fogosos en su noche de bodas si sus corazones no hubieran sido buenos y nobles. Bondad y nobleza que no se presentan como antítesis de la pasión sexual, sino que expresan el amor a Dios, lo ponen en el centro y le ofrecen a él el fruto primero de su unión en la oración.

También nosotros somos tentados a prestar más atención a otras cosas, incluso siendo estas totalmente legítimas; a veces también a intereses particulares, a viejas heridas o nuevos rencores, a limitaciones no resueltas o a perezas que trepan como enredaderas. Ahí es cuando estamos llamados a *hacer memoria* como remedio de cualquier desvío. Porque, acudiendo al Señor, a su Ley, que es el amor, las otras distracciones no tienen poder para desviarnos del camino de la santidad.

Segunda mirada: el bien vence al mal porque la fe vence la duda

El ángel ha sembrado en el corazón de Tobías la fe. El resto de familiares de la escena parece que carecen de ella o la han dejado desfallecer. Por eso el mal se hace fuerte entre ellos y llegan a derrumbarse. El joven Tobías con su recién desposada Sara se han puesto en las manos del Señor desde la fe y con fe. ¿Quiere esto decir que el Malo los ha dejado de embestir? Este detalle me parece muy rico. El Malo es pertinaz y obcecado. Terco. No se cansa. Quienes alimentan la fe en su corazón tienen herramientas para alejarlo, para encadenarlo incluso, pero, si nos fijamos en lo que dice el narrador de la historia, el final del Malo no es su destrucción, sino su destierro. Dios no destruye, no está en su naturaleza. Nuestra fe en Dios Padre debe ir tan lejos que seamos capaces de comprender que también el malo es criatura de Dios. ¡Atención!, no el mal, sino el malo. Lo creó como a todo lo que existe en el mundo, aunque después él se desviara del camino del bien. Sea como fuere, es criatura de Dios, y Dios no destruye a sus criaturas. Deberíamos decir, para profundizar más aún, que Dios no lo aniquila porque todavía espera en él, espera que también él un día se convierta de su maldad y regrese a la casa del Padre.

Volviendo al hilo de nuestra historia, nadie está exento de sufrir males o de ser acechado por la tentación. Como a Tobías y a Sara, la fe nos dota de la palabra oportuna, del gesto adecuado y de la disposición del corazón precisa para hacerle frente al mal sin desesperar y con la potencia del Espíritu Santo en nosotros. La victoria sobre el mal ya aconteció en Cristo Jesús resucitado. Esa fe es la que nos capacita para la lucha contra el mal. Y es la fe que nos llena el corazón de alegría y de esperanza, porque ahora sabemos que la última palabra la tiene la vida que ha renacido en el árbol de la cruz por la pasión de nuestro Señor.

Tercera mirada: amén, amén

La oración de Tobías es muy hermosa. Ya nos va teniendo gratamente acostumbrados el libro de Tobías a encontrar en él hermosas piezas espirituales de nuestro legado de fe. Eleva una alabanza bendiciendo a Dios, al que confiesa como don, pues lo llama «de nuestros padres» (8,5), consciente de que Dios no es un premio que uno se merece ni un logro al que uno alcanza por esfuerzos o por méritos. A Dios se llega por la gracia de haber recibido una revelación generosa en la que la familia ha sido mediadora y portadora de este don.

Tobías evoca –como ya lo hizo su padre– a toda la creación, que ha de bendecir también al Creador, como él mismo se sabe creatura. Ahora bien, consciente de que entre todas las criaturas el hombre ocupa un lugar privilegiado, alaba al Señor por Adán, por Eva y por su misión al inaugurar sobre la tierra al género humano. Esta plegaria de Tobías nos recuerda una vez más que en la espiritualidad bíblica, y por tanto conforme a la divina revelación, no hay distinción de dignidad entre el hombre y la mujer. Eso es muy hermoso. El matrimonio y su significado es lo que motiva la oración de los esposos, y así lo dicen en su oración al aludir a su «recta intención» (8,7), que no es otra que convertirse en cooperadores con la obra creadora de Dios Padre. Al final, ambos aclaman con un doble «amén», confirmando cada palabra y convirtiéndola en compromiso ante el Señor.

Esta experiencia orante hace consciente a la persona del don recibido en ese desposorio, como nos hace conscientes a nosotros de que el compromiso que adquirimos al desposarnos con el Señor nos vinculó a él por su gracia y nos unió a otros hermanos como ocasión para la fecundidad, para el servicio de su santa Ley y para convertirnos en cooperadores de la obra de Dios.

Es hermoso contemplarnos así: en lo que vivimos, en lo que sentimos y en lo que compartimos somos cooperadores de la obra de Dios, que se perpetúa en la historia a través de cada fiel que escucha con humildad al Señor y lo sigue con alegría.

Cuarta mirada: cavadores de tumbas

No podemos acabar sin fijarnos brevemente en el resto de familiares que nos hemos dejado fuera del espacio privado de los esposos. Mientras Tobías y Sara se unen con una gran fe y vencen al Malo, Ragüel y Edna con sus criados parece que han tirado la toalla. Se preparan para lo peor. Aplican un sentido de la realidad que no tiene que ver con el designio del Señor, pues viene de la desesperanza.

Tal vez no podamos ser muy críticos con ellos, porque, según el relato, no conocían los detalles que nosotros conocemos: Azarías es el arcángel Rafael, Dios ha destinado a los jóvenes a desposarse, tienen un corazón y un hígado de pez... En cualquier caso, Ragüel ha mandado cavar una tumba. Se ha dado por vencido y se ha resignado. Y tiene su lógica, porque con esta van ocho veces que ha intentado que su hija resulte casada y llegue a perpetuar la estirpe familiar. Si las otras siete han fracasado, ¿por qué habría de triunfar esta?

Esta experiencia de Ragüel es más nuestra de lo que parece. Muchas veces nos convertimos en «cavadores de tumbas» o tenemos cerca a algunos que las cavan, porque no ven claro que algo pueda dar resultado, porque se cierran a la inspiración del Espíritu anquilosando el carisma en lo pasado, porque siempre fue así; o porque ellos no tienen la iniciativa suficiente ni el coraje necesario para innovar a la luz de la fe y conforme a los mandatos del Señor.

Los «cavadores de tumbas» se adelantan a la catástrofe, y muchas veces la propician sin querer, porque dejan que se les vayan las fuerzas en lamentos anticipados en lugar de desvivirse para que el resultado tenga un colorido de salvación. Y sucede que tienen una enorme capacidad de contagiar a los que están cerca, de desanimarlos, de desilusionarlos, de atraerlos al camposanto del tedio y la decepción. Y a una rutina mortecina.

Esto no le es lícito a un creyente en Cristo resucitado. Pero ahí están. ¿Qué tenemos que hacer con ellos? El texto de Tobías me parece muy esclarecedor, porque este retrato que yo hago aquí de los que llamo «cavadores de tumbas» no termina ahí. El final es muy luminoso y brilla para ellos y para los demás. De hecho, Ragüel «ordenó a los criados que tapasen la fosa antes del amanecer» (8,18), antes de que nadie pudiera descubrir que estuvimos afligidos, tristes y desesperanzados, porque ya no lo estamos. Ragüel y Edna han experimentado ellos también la conversión de la alegría y el gozo en la victoria sobre el mal por la acción providente de un Dios que nunca abandona a sus hijos.

Esa tarea no es fácil ni de resultados inmediatos. Pero es la que nos corresponde. A quienes miran con optimismo e ilusión la vida y la misión recibida no les es lícito apartar o desechar a los que les obstaculizan o desaniman. No será fácil, pero el reto que apunta a la verdadera santidad es atraer a la alegría a los que la han extraviado. Y llegar juntos a esa meta eso sí que es motivo de gozo en el Señor. Y un reto. Uno difícil, pero santo y bendecido por el Señor.

14

ENGALANADOS PARA LA BODA

En la presente meditación nos vamos a proponer abordar la lectura y oración en torno a dos capítulos del libro de Tobías, el noveno y el décimo, según la versión que estamos contemplando. Ambos capítulos están compuestos casi en forma de díptico, en el sentido de que uno está enfrentado al otro, y en su centro se encuentra la figura del joven hijo Tobías como si se tratase de la bisagra que los articula.

A esta estructura simbólica le vamos a prestar atención aquí para después llevarla a la oración, porque en nuestra vida cotidiana es también frecuente que las escenas festivas, alegres, gozosas y llenas de júbilo estén cosidas a otras con un colorido totalmente diferente, más frío, tenue, desvaído y hasta apagado. Se trata de la vida misma, que no es ni luz ni sombra, ni frío ni calor, y no porque sea tibia, sino porque es rica y variopinta.

La primera escena que vamos a contemplar se corresponde con la celebración de la boda y con el éxito en la empresa de recuperar el dinero. Es una escena gozosa. La segunda escena ocurre lejos, en Nínive, y describe las emociones y sentimientos de unos padres ancianos ajenos a todo lo que le estará pasando a su hijo (que no lleva con él un teléfono móvil para poder llamarlos).

El texto:

Tobías llamó a Rafael y le dijo: «Hermano Azarías, toma contigo cuatro criados y dos camellos y ve a Ragués. Cuando llegues a casa de Gabael, le das el recibo, cargas el dinero y a él te lo traes para la boda. Tú sabes que mi padre estará contando los días y con uno solo que me retrase le daré un disgusto. Ragüel me ha pedido que me quede y no puedo oponerme a su deseo». Rafael marchó a Ragués de Media con los cuatro criados y los dos camellos. Una vez hospedados en casa de Gabael, Rafael le presentó el recibo y le informó de que Tobías, el hijo de Tobit, se había casado y lo invitaba a la boda. Gabael le entregó los sacos de dinero, con los precintos intactos, y los cargaron. Partieron juntos, muy de mañana, para la boda. Cuando entraron en casa de Ragüel, Tobías, que estaba sentado a la mesa, se levantó a toda prisa y saludó a Gabael. Con lágrimas en los ojos, Gabael lo bendijo: «¡Digno hijo de un padre digno, justo y caritativo! Que el Señor derrame las bendiciones del cielo sobre ti, tu mujer y tus suegros. Bendito sea Dios, porque me ha permitido ver en ti el vivo retrato de mi primo Tobit».

Tobit, mientras tanto, calculaba los días que tardaría su hijo en el viaje de ida y vuelta. Cuando pasaron esos días sin que Tobías volviera, pensó: «Quizá se haya entretenido allí. O quizá haya muerto Gabael y nadie le entregue el dinero». Y empezó a preocuparse. Ana, su mujer, decía: «Mi hijo ha muerto. Mi hijo ya no vive». Lloraba y se lamentaba, diciendo: «¡Ay de mí, hijo, luz de mis ojos! ¿Por qué te dejaría marchar?». Tobit la consolaba: «¡Calla!, mujer, no te preocupes. Seguro que está bien. Habrán tenido que retrasarse. Pero su compañero es hombre de confianza y pariente nuestro. No te inquietes por él, mujer, que volverá pronto». Pero ella protestaba: «¡Déjame! No me vengas con engaños. Mi hijo ha muerto». Día tras día se asomaba al camino por donde su hijo había marchado. No hacía caso a nadie. Cuando se ponía el sol, volvía a casa y pasaba las noches sin poder dormir, lamentándose y llorando. Al cumplirse los catorce días de fiesta con que Ragüel había decidido celebrar la boda de su hija, Tobías se dirigió a él y le dijo: «Permíteme regresar. Seguro que mis padres se imaginan que no volverán a verme. Por favor, padre, déjame regresar al lado de mi padre. Ya sabes en qué situación lo dejé». Ragüel le respondió: «Quédate, hijo; quédate conmigo. Yo mandaré noticias de ti a tu padre Tobit». Pero Tobías replicó: «No. Te ruego que me permitas volver a casa de mi padre». Entonces Ragüel, sin más dilación, le entregó a Sara, su esposa, y le dio la mitad de cuanto poseía: criados y criadas, vacas y ovejas, asnos y camellos, ropa, dinero y utensilios. Se despidió de Tobías con un abrazo, diciéndole: «Adiós, hijo, que tengáis buen viaje. Que el Señor del cielo os guíe, a ti y a Sara, tu mujer, y que yo viva para ver a vuestros hijos». A su hija Sara le dijo: «Ve a casa de tu suegro. Ahora ellos son tan padres tuyos como los que te hemos dado la vida. Ve en paz, hija. Espero oír buenas noticias de ti mientras viva». Y, abrazándolos, los dejó marchar. Por su parte, Edna dijo a Tobías: «Hijo y querido hermano, que el Señor te devuelva a casa y que yo viva para ver a vuestros hijos. Delante del Señor te confío a mi hija. No le hagas daño jamás. Ve en paz, hijo. Desde ahora soy tu madre y Sara tu mujer. Que todos vivamos felices hasta el fin de nuestros días». Besó a los dos y se despidió de ellos. Tobías abandonó la casa de Ragüel sano y salvo, dando gracias al Señor de cielo y tierra, rey del universo, por el éxito de su viaje. Ragüel le dijo: «Que Dios te conceda honrar a tus padres toda su vida» (9,1-6; 10,1-14).

Primera escena: las bodas y la nueva identidad de Tobías

Hemos escuchado un relato lleno de detalles de cómo se celebraba en el ambiente judío de la diáspora una boda. Abundancia, fiesta, gente y comida, bebida y música. ¡Y descanso! Todo lo preciso para crear un ambiente atractivo y muy apetecible.

Y ahí están nuestros personajes.

Un primer detalle de este momento es la determinación que manifiesta Tobías cuando dirige la palabra a Azarías –Rafael, sin que él lo sepa– y le envía a recuperar el dinero de Gabael en Media. El gesto adquiere una significación muy profunda, porque es la primera vez que le vemos dirigirle la palabra así al ángel. ¿Qué ha pasado? Tobías ha experimentado un acontecimiento que ha marcado un antes y un después en su vida: ha recibido una gracia de Dios y ha sido consciente de ello. Antes era su padre el que hablaba de los dones que Dios hace y de que vale la pena cumplir sus decretos porque conducen a la vida. Ahora es el propio Tobías quien puede afirmarlo en primera persona: «Ya no creemos por lo que tú dices; nosotros mismos lo hemos oído y sabemos que él es de verdad el Salvador del mundo» (Jn 4,42), le dicen los samaritanos a aquella mujer que les había hablado de Jesús y de su encuentro junto al pozo.

Tobías ha madurado porque se ha encontrado con la gracia del Señor y la ha acogido. Y eso le ha hecho crecer, asumir responsabilidades, tomar iniciativas y lo que es aún más importante, sentirse al nivel de su padre. Al encomendar a otro la misión que su padre le había encomendado a él, Tobías la ha hecho suya no como delegado, sino como amo. No ha descartado al padre, lo ha comprendido en profundidad y sabe que todo lo del padre es suyo: la gracia de Dios y la plata de su pariente Gabael.

Ese momento espiritual es muy hermoso en la vida de los creyentes. Crecemos mucho junto a otros que han gozado del don de Dios y nos dan testimonio de ello. Sus testimonios nos enriquecen y nos edifican, pero solo cuando tenemos experiencia de la gracia alcanzamos la bienaventuranza gozosa de una fe madura. Y eso nos lleva también, como a Tobías, a asumir responsabilidades sin temor, con determinación y audacia; nos anima a tomar iniciativas y a presentarlas con humildad, pero con verdad; y nos eleva a una madurez en la que ya no nos sentimos juzgados ni evaluados. Solo Dios es nuestro juez, y eso nos da una gran libertad de espíritu.

Dentro del relato de Tobías alguien es capaz de apreciar el cambio que el muchacho ha experimentado. Parece que ninguno de los presentes se da cuenta, y tiene que llegar uno de lejos para decir: «Bendito sea Dios, porque me ha permitido ver en ti el vivo retrato de mi primo Tobit» (9,6). Gabael recuerda bien a su primo hermano Tobit, y al ver al muchacho ha bendecido a Dios diciendo: «¡Digno hijo de un padre digno, justo y caritativo! Que el Señor derrame las bendiciones del cielo sobre ti, tu mujer y tus suegros» (9,6). Lo que Gabael descubre no es una fisonomía que le resulta muy familiar, sino una forma de estar en el mundo y ante Dios que expresa llamando «digno hijo» al muchacho, pues con este cumplido lo que está proclamando en verdad es el profundo cambio de madurez que ha acontecido en Tobías y cómo también él, como su padre, se ha convertido en un judío irreprensible, digno de ser contemplado e imitado.

Meditando estas palabras en el silencio del corazón me paraba a pensar en las miradas de las personas sobre mí con las que me relaciono a diario. No suele preocuparme el juicio que los otros tengan de mí, y eso me da bastante serenidad y mucha libertad, sin que ello me lleve a desinteresarme por los otros, gracias a Dios. Pero pienso más que en cómo ellos miran en lo que yo les hago ver. Y ahí sí que se plantea un gran reto, porque al fin y al cabo estamos hablando del testimonio. Muy a menudo, los juicios de los otros son erróneos y hasta crueles cuando son malintencionados, pero hay ocasiones en las que esos criterios que se crean en las mentes ajenas, y que en ocasiones llegan incluso a expresarse en voz alta, tienen un sustrato que los hace germinar, y no es otro que las propias acciones. Dicho de otro modo, ciertas actuaciones, palabras, gestos, omisiones mías, cuando son contemplados por mis hermanos, pueden generar en ellos una imagen de mí que no es la que yo quería dar. En ese caso soy tan culpable como ellos del juicio. Y es preciso que sea consciente de ello para no escandalizar: «Al que escandalice a uno de estos pequeños que creen en mí, más le valdría que le colgasen una piedra de molino al cuello y lo arrojasen al fondo del mar» (Mt 18,6), dice Jesús a sus discípulos.

Tobías se ha convertido en un hombre a imagen de su padre y ha llegado a una madurez que le hace «digno». Cada cristiano está llamado a alcanzar –como expone san Pablo en la carta a los Efesios– la altura de Cristo: «Hasta que lleguemos todos a la unidad en la fe y en el conocimiento del Hijo de Dios, al Hombre perfecto, a la medida de Cristo en su plenitud» (Ef 4,13). Si Tobías tuvo en su padre un modelo de santidad que seguir, nosotros hemos recibido el don de Cristo, modelo de toda la humani-

dad. Sea nuestro propósito diario alcanzar esta medida y hacérsela ver así a quienes nos contemplen.

Segunda escena: la primera bajada del Tabor

Llamo así a esta escena porque es lo que me sugiere
el trasfondo de los pensamientos y sentimientos de
nuestro protagonista. Lejos del ambiente festivo
de las bodas de Tobías y Sara, los ancianos padres
sufren en Nínive la ausencia de su hijo único. Muy
de acuerdo con la psicología de cada cual, el uno y el
otro lo viven de forma distinta, pero para los dos
supone un pesar y una tristeza que el hijo no haya
regresado todavía. Tobit dice al principio que había
hecho muchas veces el camino a Media y que cono-
cía bien a Gabael, de modo que sabía lo que se tarda-
ba en realizar aquel viaje. Por eso, cuando se cum-
plen los días, es perfectamente consciente de que
está pasando algo imprevisto.

La madre interpreta ese imprevisto como algo fa-
tal: «¡Mi hijo ha muerto!» (10,4.7). Nos cuadra perfectamente en el esquema que desarrollamos antes
acerca de los «cavadores de tumbas». Es catastrofis-
ta y pesimista y se angustia mucho, induciendo a los
de su entorno a la misma angustia que ella padece.
Más aún, de algún modo culpa a su esposo de su
desdicha y su dolor.

La cuestión es que pasar de Ecbatana a Nínive no
parece, en este momento, nada apetecible. El lector

se encuentra a gusto en la boda. Hay, como hemos dicho, alegría, fiesta, abundancia, juventud y proyecto de futuro. Mientras que en Nínive todo es oscuro, incluso el llanto de la madre que lamenta la pérdida del hijo llamándolo «luz de mis ojos» (10,5), estando junto a un hombre ciego. Todo negro y lúgubre. ¿A quién le puede apetecer ir a Nínive con lo bien que se está en Ecbatana?

Por otra parte, Tobías es tentado por su suegro a quedarse allí: «Quédate, hijo; quédate conmigo. Yo mandaré noticias de ti a tu padre Tobit» (10,9). Y la propuesta parece muy tentadora, porque además supondría gozar de una posición privilegiada, acomodada, segura. En Nínive no tienen tantos recursos, pues, aunque partirán con la mitad de los bienes de Ragüel, solo es la mitad. Así que la cosa es tentadora.

El corazón de Tobías es muy noble y ni siquiera duda. El diálogo entre los dos hombres es muy fluido, rápido, casi espontáneo. Tobías responde tajantemente: «No» (10,9). Después argumenta su negativa, pues no se trata de un desplante a la familia de su esposa ni un desprecio a aquella nueva tierra en la que ha crecido humana y espiritualmente. Se trata de un gesto de amor muy grande que va más allá de sí mismo. Se trata de bajar del Tabor después de haber contemplado la gloria del Señor (Lc 9,28-36).

Vivir en lo hondo del espíritu el encuentro con el Señor supone siempre una experiencia inefable y transformadora. Nos faltan las palabras para poder decir bien lo que ha pasado, pero sabemos que ha pasado algo grande. Y sentimos una atracción maravillosa que nos tienta a querer alargarla, hacerla perpetua y no mudarnos de ahí nunca más. También en nuestras particulares misiones, recibidas de la Iglesia a través de nuestros legítimos superiores, vamos construyendo nuestros propios «Tabores» y nuestras propias «bodas de Ecbatana», de manera que le encontramos un enorme regocijo a quedarnos allí. Sin embargo, como Tobías, estamos llamados a mirar hacia otro lado, hacia los lugares donde haya alguien que llore o se angustie. Es ahí donde debemos llevar luz en nombre del Señor. Donde deberemos ir abandonando nuestras comodidades, porque ese pequeño sacrificio traerá vida a quienes se sienten al borde del abismo. Dios hará que poco a poco también Nínive se vaya convirtiendo en un lugar festivo y lleno de la luz del Espíritu Santo. Porque nosotros lo sabemos: la última palabra nunca la tiene el duelo, sino la fiesta.

15

EL CAMINO DEL HIJO

Nos vamos acercando al final de la historia. Aún quedan algunos capítulos, pero en este momento llegamos al desenlace de la trama que se planteaba al inicio y que ahora se va a ver colmada con el reencuentro de Tobías con sus padres y con la curación de la ceguera de Tobit.

Como venimos haciendo, vamos a fijar nuestra atención en algunos aspectos del texto que nos ayuden a su vez a contemplar la acción de Dios en nuestras propias vidas, a imagen de como ha actuado en la historia de la salvación con hombres y mujeres ejemplares. En este sentido, veremos, en primer lugar, a Tobías y Azarías que se adelantan a preparar la casa; en segundo lugar, la madre, en un gesto profundamente emotivo, saldrá al encuentro del hijo y pronunciará sobre él unas palabras colmadas de amor y de fe; seguidamente, llegará el turno de fijarnos en Tobit, en su firmeza y en la sorpresa que va a experimentar de parte del Señor por la intercesión de su hijo y con el auxilio del arcángel Rafael, y concluiremos esta meditación con el gozoso relato de la entrada de Sara en su nueva casa como hija de una nueva familia.

El texto:

Cuando se acercaban a Caserín, ya cerca de Nínive, dijo Rafael: «Ya sabes cómo estaba tu padre cuando lo dejamos. Vamos a adelantarnos nosotros a tu mujer para preparar la casa mientras llegan los demás». Cuando caminaban los dos juntos, le dijo Rafael: «Ten a mano la hiel». El perro iba tras ellos. Ana estaba sentada, con la mirada puesta en el camino por donde debía volver su hijo. Cuando lo divisó de lejos, dijo al padre: «Mira, ahí llega tu hijo con el hombre que lo acompañaba». Rafael dijo a Tobías antes de llegar a su padre: «Estoy seguro de que tu padre recobrará la vista. Úntale los ojos con la hiel del pez. El remedio hará que las manchas blancas se contraigan y se desprendan. Tu padre recobrará la vista y verá la luz». Ana acudió corriendo y se abrazó al cuello de su hijo mientras decía: «Ya te he visto, hijo. Ya puedo morir». Y rompió a llorar. Tobit se levantó y, tropezando, atravesó la puerta del patio. Tobías corrió hasta él con la hiel del pez en la mano; le sopló en los ojos, lo tomó de la mano y le dijo: «Ánimo, ¡padre!». Tomó el remedio y se lo aplicó. Luego, con ambas manos, le quitó como unas pielecillas de los ojos. Tobit se echó al cuello de su hijo y gritó entre lágrimas: «Te veo, hijo, luz de mis ojos». Y añadió: «Bendito sea Dios y bendito sea su gran nombre; benditos todos sus santos ángeles. Que su gran nombre nos proteja. Benditos por siempre todos los ángeles. Tras el castigo se ha apiadado, y ahora veo a mi hijo Tobías». Tobías entró en casa lleno de gozo y alabando a Dios con voz potente. Después contó a su padre lo bien que le había ido en el viaje: traía el dinero y se había casado con Sara, la hija de Ragüel. Y agregó: «Estará a punto de llegar, casi a la puerta de Nínive». Tobit, alegre y alabando a Dios, salió hacia la puerta de la ciudad, al encuentro de su nuera. La gente de Nínive quedaba estupefacta al verlo caminar con paso firme y sin ayuda de nadie. Él proclamaba ante ellos que Dios, en su misericordia, le había devuelto la vista. Cuando se encontró con Sara, la mujer de su hijo, la bendijo con estas palabras: «¡Bienvenida seas, hija! Bendito sea tu Dios, que te ha traído a nuestra casa. Que él bendiga a tu padre, a mi hijo y a ti, hija mía. Entra en esta tu casa con salud, bendición y alegría. Entra, hija». Aquel fue un día de fiesta para todos los judíos de Nínive. También Ajicar y Nadab, sobrinos de Tobit, acudieron a felicitarlo (11,1-19).

Primer detalle: adelantarse para preparar la casa

Lo acabamos de escuchar: cuando llegan a las puertas de Nínive, Rafael propone a Tobías que vayan a preparar la casa, dado el estado en que habían dejado a su anciano padre Tobit. La Biblia sabe que la ciudad de Nínive era inmensa, «tres días hacían falta para recorrerla a pie», dice el libro del profeta Jonás (3,3). Y multitud de pueblos habitaban en ella, entre los cuales se encontraba el pueblo judío, que había sido deportado allí, como relata el comienzo de nuestro libro.

Las ciudades antiguas amuralladas no estaban dispuestas como lo estarán después las ciudades griegas o romanas, donde el centro geográfico de la ciudad constituía también el centro de la vida de la ciudad. En la antigüedad, y especialmente en Oriente, los grandes espacios de la vida pública estaban situados en las puertas. Al atravesarlas se encontraba como una plaza, un ensanche donde se situaban las instituciones importantes de la ciudad y donde la gente realizaba sus transacciones comerciales, sus intercambios culturales y donde se celebraban los juicios. Era también un lugar para la acogida a los peregrinos y los recién llegados.

Allí dejan a Sara con la comitiva y se adelantan Tobías y Rafael para preparar la casa. Ahora bien, si hiciéramos solamente una lectura materialista del texto, podríamos pensar erróneamente que se adelantan porque prevén que, estando Tobit ciego y Ana envejecida, el aspecto de la casa puede haber sufrido un deterioro que quieren evitar que sea lo primero que vea Sara, la joven esposa, para no tener una mala impresión. Es verdad que el ángel le ha dicho a Tobías: «Ya sabes cómo estaba tu padre cuando lo dejamos» (11,2), y eso podría hacernos pensar en que no han podido cuidar adecuadamente de la casa y tratan de evitar que Sara obtenga una primera mala impresión cuando llegue.

Enseguida veremos que no se trata de eso. Sara no viene solamente a una casa, es decir, a un lugar nuevo, sino que viene a un hogar. El hogar es mucho más que la casa. El hogar es familia, esperanza, seguridad y calidez humana. Y a la casa de Tobit y

Ana le está faltando la alegría que necesita toda casa para ser un auténtico hogar. Eso es lo que tienen que ir a preparar. Tobit no puede recibir adecuadamente a Sara si no la ve. Ana no puede acoger debidamente a su nuera si no recupera la esperanza y la alegría. Eso es lo que Tobías y Rafael se adelantan a preparar.

Todos nosotros habitamos casas. En nuestro caso concreto, me gusta detenerme en esta contemplación, porque nuestro fundador, san Cayetano de Thiene (1480-1547), se empeñó mucho en los años de la fundación (1524) en que los grupos de Clérigos Regulares que comenzaban esta aventura que el Espíritu Santo le inspiró no vivieran ni en monasterios, ni en conventos, ni en apartamentos separados. Cayetano quería regalarle a la Iglesia una nueva familia, y la familia debe habitar en común y vivir del común en una casa. La espiritualidad teatina de la casa rezuma humanidad y destella familiaridad, que es la simiente de la fraternidad. Por eso, desde nuestro noviciado se nos inculca un gran amor a la casa: a cuidar el inmueble, a responsabilizarnos de los espacios, tanto del privado de la habitación como de cada uno de los espacios comunes. Pero lo más importante, se nos invita a vivir con aires de familia en toda su profundidad. Es el regalo que el Señor nos ha hecho en el carisma de san Cayetano y sus compañeros fundadores.

Adelantarse a preparar la casa me parece una auténtica inspiración del Espíritu Santo para nuestros días. Es una tarea irrenunciable para todos nosotros y debe adquirir una dimensión totalizante y llena de alegría. En el fondo subyace la certeza de que nos consagramos al Señor junto al hermano. Dios no me ha mirado a mí aisladamente, sino que me ha mirado en medio de los hermanos para que yo adopte su misma mirada sobre ellos y me sienta en casa. Más aún, para que haga sentirse en casa a cada hermano. Es un reto hermosísimo. Pero lo mismo hemos de afirmar para cualquier forma de vida en el seno de la Iglesia. Los laicos pueden habitar casas familiares e incluso pueden vivir solos. Ninguno, sin embargo, está exento de la tarea de «preparar la casa» del mismo modo que ahora vemos hacer a Tobías y Rafael. Se trata de crear espacios de familiaridad donde el afecto manifiesto esté presente; donde la capacidad de escucha no produzca fastidio; donde la caridad cristiana tenga como primer destinatario al que está más cerca de mí, y donde mi fe pueda comunicarse, celebrarse y crecer porque los de *mi casa* saben de mi fe y yo me sé libre para exhibirla en el ágora de nuestros espacios compartidos.

Segundo detalle: «Ya te he visto, hijo. Ya puedo morir» (11,9)

Este momento emocionalmente cumbre del relato nos traslada inmediatamente al encuentro de Simeón con el Niño Jesús en el Templo según el relato de san Lucas (2,29). Lo mismo le sucedió al anciano Jacob cuando volvió a encontrarse con José en Egipto, después de haber creído durante años que su hijo estaba muerto (Gn 46,30). El gozo del reencuentro tiene la capacidad de colmar la vida hasta el punto de dotarla de plenitud. Es un momento fascinante en la vida del espíritu y solo puede explicarse como don de Dios.

Pienso muchas veces que, cuando me he alejado del Señor, cuando he dejado de ver en el horizonte de mi vida la mano providente del Señor, ha sido porque mi mirada se ha desviado y he prestado atención a otras cosas, interponiendo entre su amor y mi pequeñez otros intereses. Se forja, entonces, en torno a mí un bosque espeso que no me deja ver con claridad la dirección que el Señor me marca. Y de eso solamente tiene la culpa el pecado.

La experiencia de la gracia de Dios cuando me reencuentro con él por su infinita misericordia produce en mi alma un impacto muy fuerte, muy potente. Me despierta, me empodera, me colma. Y me devuelve el sentido de plenitud hasta el punto de no desear nada más que estarme siempre con él en el regazo de su gracia.

Esta es la experiencia de esa madre; es la experiencia de Jacob; es la experiencia de Simeón, que ha contemplado al Señor, y eso le basta. «Solo Dios basta» (santa Teresa de Jesús).

Creo que es muy importante que poco a poco maduremos la idea de la reconciliación con el Señor a través del sacramento como un momento cumbre de nuestra vida espiritual. No digo que no sea preciso confesarse con frecuencia y recibir del Señor la gracia santificante del perdón; no digo que lo dejemos y no demos importancia a los pequeños fallos o los pequeños desvíos que cometemos. Pero sí debo insistir en que el sacramento de la reconciliación debe vivirse como un momento de gracia intenso, potente. Si lo convertimos en un rito rutinario, estaremos devaluando el valor inconmensurable del regalo que el Señor nos hizo al regalárnoslo en la Iglesia (cf. Jn 20,23).

Sara expresa de un modo hiperbólico su alegría cuando dice: «Ya te he visto, hijo. Ya puedo morir» (11,9), porque al recobrar al hijo al que había llegado a considerar muerto por su pesimismo fatalista, es ella misma la que experimenta conversión. El hijo, en realidad, no ha pasado por donde ella imagina que ha pasado: no ha sufrido, no ha estado en peligro, no ha muerto. En definitiva, el hijo no es el que ha cambiado (aunque haya experimentado una gran madurez, como señalamos). La que en verdad experimenta un cambio es ella, que recorre velozmente de un extremo a otro el puente que separa la tristeza de la alegría. Y este cambio la colma de un modo tal que incluso la muerte adquiere una significación nueva. La experiencia de la alegría en ella ha tenido una potencia de tal calibre que ni siquiera la infausta y terrible muerte va ya a tener poder sobre su espíritu liberado, sobre su alegría, que se va a prolongar eternamente, más allá de la muerte.

Lo que Sara está manifestando es el don de la alegría teologal, don de Dios. Las alegrías efímeras y momentáneas que nos regala la vida nos ayudan a ir pasando y nos energizan de alguna manera el espíritu. Pero solo hay una alegría capaz de colmarlo todo, de trascender cualquier otra alegría y de permanecer para siempre. Esa alegría solo puede provenir de la fe como esperanza firme y experiencia de un amor inconmensurable, que es el amor de Dios. Cuando se alcanza a atisbar ese don inefable de parte del Señor, entonces la propia escala de valores queda iluminada con una luz nueva y todo, absolutamente todo, adquiere una nueva tonalidad para ponerse a la sombra de lo que más brilla en ella: la fe.

Tercer detalle: «Te veo, hijo, luz de mis ojos» (11,13)

Que Tobit se va a curar ya lo sabemos desde el principio (3,17). El narrador ha puesto en labios de Rafael este desenlace hace ya muchos capítulos. Nos ha hecho lo que hoy se llama un *spoiler,* es decir, nos ha contado el final de la historia mucho antes de que lleguemos a él. Eso sí, lo que no sabíamos era cómo llegaríamos allí.

Tobit había quedado ciego cuando su hijo partió, y la expectativa de este hombre era que el hijo volviera con el dinero de su pariente Gabael, pero, sobre todo, que volviera sano y salvo. En ningún momento podía imaginar que, además, se curaría de su ceguera. El plan que Dios tenía reservado para él era mucho más ambicioso que su pobre esperanza. Y este no es un detalle menor, porque el bien que Dios tiene diseñado para la humanidad va siempre mucho más allá de lo que el propio hombre puede llegar a imaginar, y más allá de lo que se atreve a pedir a su Creador.

El libro del Eclesiastés dice: «Dulce es la luz, y los ojos se alegran de ver el sol» (11,7), y Jesús ben Sirá anima al creyente diciendo: «Hijo, en tu enfermedad, no te desanimes, sino ruega al Señor, que él te curará» (Eclo 38,9). La experiencia de Tobit ha sido esta misma: el ángel le había dicho (5,10): «Ten ánimo, que Dios te curará pronto. Ten ánimo», y había mantenido su promesa hasta este momento. Bien es sabido de todos que la disposición de un enfermo a la hora de procurar la salud es muy importante. Es fundamental. El primer remedio para vivir debe ser quererlo. Y no se trata solamente de un consuelo psicológico, sino de una disposición del alma que comprende la vida como don y desea bendecir al Señor custodiándola hasta el último suspiro.

El ángel tiene que trasladar a Tobit este empeño y así lo ha hecho. Ahora, cuando llega el momento de experimentar la acción de Dios en su vida, el hombre comprende en plenitud lo que significa mantener la fe firme y el ánimo decidido.

Por otra parte, Ana ha sido la primera en ver al hijo que regresaba de su viaje, pero no ha corrido hacia él, sino que se ha vuelto a su esposo para anunciárselo. Es muy hermoso ver ahí también lo que sucede: en primer lugar, la alegría de Ana no puede ser para ella sola; sabe que en el dolor han estado solidariamente unidos ella y su esposo, y que en la alegría deben estarlo también; además, la alegría del regreso del hijo va a constituir una auténtica reconciliación entre los esposos, una restauración del lazo quebrado a causa del dolor y la incertidumbre. Ana se dirige a Tobías y le dice: «Mira, ahí llega tu hijo con el hombre que lo acompañaba» (11,6). Esta misma forma de hablar la había utilizado Ana para reprochar a Tobit su dolor, haciendo mención del hijo y del hombre que lo acompañaba (5,21), pero solo como «mi hijo». Ahora vuelve a ser –para Ana– el hijo de Tobit el que ha regresado. La alegría de la visión del hijo ha obrado el milagro de pulir la aspereza que se había instalado en el corazón de Ana para que «mi hijo» haya podido llegar a ser también «tu hijo». Porque antes de esa alegría imperaba en ella el dolor, un desgarro que impide contemplar al otro con empatía. Por eso, para Ana, proclamar «mi hijo» era lo mismo que proclamar «mi dolor», sin tener en cuenta lo que estaría pasando en la mente y en el corazón de su esposo. Ella se había cerrado a la posibilidad de que también él atravesase valles oscuros, porque su dolor había entenebrecido su juicio. La alegría, sin embargo, ilumina la realidad y encamina hacia la verdad, de modo que, en la alegría, Ana redescubre a su esposo y lo busca para que la compartan totalmente ambos, ya que antes no ha sido capaz de ponerse a su lado para compartir el dolor.

Es maravilloso tener la certeza de que la fe tiene el poder de alegrar el corazón de todos. Cuando experimentamos un gozo por la gracia del Señor, debemos ser muy conscientes de que no se trata de un don exclusivo. En la vida comunitaria hemos renunciado a las pertenencias, y nuestro voto de pobreza incluye también las posesiones psicológicas, afectivas e incluso espirituales. Y que no se me malinterprete: de lo que estoy hablando es de que toda riqueza que recibimos viene de Dios, él es el dueño y nosotros solamente somos depositarios. También de las alegrías del espíritu. Por eso debe ser empeño nuestro ponerlas al servicio del bien común, compartirlas con humildad y desde el más sencillo agradecimiento. A la vez, contemplar la alegría de un hermano debe ser siempre un motivo de gozo en el Señor. Siempre.

Y para rizar el rizo, alegría que nos reconcilia. Alegría que devuelve la paz y el equilibrio a la casa. Ahora sí que está preparado el hogar para que entre un nuevo miembro. Ahora la familia está abierta a la fecundidad. Se es fecundo cuando la casa está dispuesta a acoger una nueva vida. ¿Con qué fidelidad vamos a pedir al Señor que nos mande nuevos hermanos si no hemos hecho de nuestras casas verdaderos hogares, alegres y reconciliados?

Cuarto detalle: «Entra, hija» (11,17)

Por fin puede venir Sara desde la puerta de la ciudad, donde se había quedado con sus acompañantes y las riquezas que le ha legado su padre desde Ecbatana. Ahora sí viene a un hogar. Había salido de la casa de su padre Ragüel y su madre Edna (10,2) para ir a casa de sus suegros. Indudablemente, el camino habría constituido para la muchacha un cúmulo de experiencias inquietantes. Todo nuevo destino llena el corazón de expectación y de incertidumbre. «¿Seré bien recibida? ¿Sabré entender a esta gente? ¿Tendré que cambiar mucho mi vida?». El cambio descoloca a la persona y la saca de su área de confort. Nos descentra para que el centro vuelva a ser, una y otra vez, el Señor y solo él. Pero esta dinámica resulta agotadora si no contamos con su gracia. Ninguno somos héroes ni titanes. ¿Santos? Estamos en el camino.

El Señor nos está llamando constantemente a salir de nuestras comodidades y seguridades, de nuestras ideas preconcebidas y prejuicios, y a veces eso nos puede hacer sentir vulnerables. Sara experimentaría los peligros del camino que le tocó recorrer entre Ecbatana y Nínive, entre la que hasta ahora había sido su casa hasta una casa nueva. Ese tiempo intempestivo es siempre tiempo intermedio y tiene fecha de caducidad. Y creo que esto es verdaderamente importante en nuestra opción de vida y una gran ayuda para nuestra espiritualidad y para nuestra salud comunitaria. Y me explico.

La incertidumbre que produce el tiempo intermedio, ente la salida y la instalación; los miedos que se afrontan al dejar atrás los rostros familiares a los que me había acostumbrado y tener que grabarme en el corazón nuevas voces y nuevas miradas; la naturalísima pereza que produce tener que habituarme a un nuevo clima, a un nuevo edificio; todo eso tiene fecha de caducidad en la mente y en el corazón del Señor. Cuando uno sale, no sale a la intemperie ni al abandono. Dice el Señor a sus discípulos: «Todo el que por mí deja casa, hermanos o hermanas, padre o madre, hijos o tierras, recibirá cien veces más y heredará la vida eterna» (Mt 19,29). Y su promesa es veraz. Se cumple, y con creces.

Sara ha dejado una casa y ve también delante de sus ojos un horizonte nuevo lleno de promesas. El Señor le pone delante a Tobit, que la recibe como hija. Esta es la promesa: es hija (11,17). La bendición de Tobit es redundante, abundante, estalla en éxtasis por la gracia recibida y proclama a Sara tres veces (en el v. 17) hija al tiempo que proclama la bendición: Sara es, en efecto, hija, y Tobit no deja lugar a dudas con su triple proclamación. Su tiempo intermedio, el de Sara, ha caducado cuando «Dios bue-

218

no» la acoge y le devuelve su dignidad total. Es hija y está en la casa del Padre.

Esa debe ser siempre nuestra experiencia. Soy hijo de Dios, que me ama, y allá donde él me llame me sabré siempre en casa.

Una nota interesante. Dice el último versículo de este episodio que «también Ajicar y Nadab, sobrinos de Tobit, acudieron a felicitarlo» (11,19). Pronto descubriremos que estos dos estaban profundamente enemistados y, sin embargo, la alegría de la familia de Tobit había conseguido reconciliarlos y hacerlos participar juntos de la boda. No digo más. ¿Podemos los cristianos no ser signo y fuente de reconciliación?

16

MANTENER EL SECRETO DEL REY
Y PUBLICAR LAS OBRAS DE DIOS

Cuando parece que la cosa no puede ir mejor; cuando el relato ha resuelto alegremente y con gran éxito todos los problemas que se habían planteado en el nudo inicial y todos los personajes festejan con gozo el triunfo del bien sobre el mal, de la salud sobre la enfermedad y de la Providencia sobre el poder del Malo, entonces aún hay tiempo para recibir alguna gracia más de parte del Señor.

Ante este momento de «exceso» de la gracia de Dios, los judíos aclamaban diciendo: *Dayenú*. La palabra *dayenú* significa «nos habría bastado» o «nos habría sido suficiente». El texto completo de esta canción ya figura en una *hagadá* medieval que forma parte del *séder* del Rabí Amram y data del siglo IX d. C. Se trata de un canto de agradecimiento a Dios por todos los regalos y todos los favores que había dado al pueblo judío, como liberarlos de la esclavitud, darles la Torá y el sábado. Y diciendo que, aunque no les hubieran sido dados, eso les habría bastado, en un acto de humildad ante Dios; intenta mostrar con el canto cómo se ha portado Dios con el pueblo judío. Aparece escrito en el libro de la *hagadá* después de narrar la historia del éxodo y justo antes de la explicación de la Pascua, *matzá* y *maror*. La palabra *day* en hebreo significa «suficiente», y *enu,* «nosotros».

Ahora serán los personajes de esta historia los que experimenten el exceso de gracia del Señor al descubrir que Azarías es, en realidad, al arcángel Rafael enviado por Dios.

El texto:

> Una vez concluidos los festejos nupciales, Tobit llamó a Tobías y le advirtió: «Hijo, ocúpate de pagar al hombre que te ha acompañado. Añade algo a la paga convenida». Respondió Tobías: «Padre, ¿cuánto debo darle? No saldría perjudicado aunque le diera la mitad de lo que ha traído conmigo. Me ha guiado sin percances, ha cuidado de mi mujer, me ha ayudado a recuperar el dinero y a ti te ha curado. ¿Cuánto debo añadir a la paga?». Tobit opinó: «Hijo, es justo que reciba la mitad de lo que ha traído contigo». Así pues, Tobías lo llamó y le dijo: «Recibe como paga la mitad de todo lo que has traído y vete en paz». Entonces Rafael tomó aparte a los dos y les dijo: «Alabad a Dios y dadle gracias ante todos los vivientes por los beneficios que os ha concedido; así todos cantarán y alabarán su nombre. Proclamad a todo el mundo las gloriosas acciones de Dios y no descuidéis darle gracias. Es bueno guardar el secreto del rey, pero las gloriosas acciones de Dios hay que manifestarlas en público. Practicad el bien y no os atrapará el mal. Más vale la oración sincera y la limosna hecha con rectitud que la riqueza lograda con injusticia. Más vale dar limos-

na que amontonar oro. La limosna libra de la muerte y purifica del pecado. Los que dan limosna vivirán largos años, mientras que los pecadores y malhechores atentan contra su propia vida. Os voy a decir toda la verdad, sin ocultaros nada. Os he dicho que es bueno guardar el secreto del rey y manifestar en público las gloriosas acciones de Dios. Pues bien, cuando tú y Sara orabais, era yo quien presentaba el memorial de vuestras oraciones ante la gloria del Señor, y lo mismo cuando enterrabas a los muertos. El día en que te levantaste enseguida de la mesa, sin comer, para dar sepultura a un cadáver, Dios me había enviado para someterte a prueba. También ahora me ha enviado Dios para curaros a ti y a tu nuera Sara. Yo soy Rafael, uno de los siete ángeles que están al servicio del Señor y tienen acceso a la gloria de su presencia». Los dos hombres, llenos de turbación y temor, se postraron rostro en tierra. El ángel les dijo: «No temáis. Tened paz. Alabad a Dios por siempre. He estado con vosotros no por mi propia iniciativa, sino por voluntad de Dios. Alabadlo siempre y cantadle. Me habéis visto comer, pero era simple apariencia. Ahora, pues, alabad al Señor en la tierra, dadle gracias. Yo subo al que me ha enviado. Poned por escrito todo lo que os ha sucedido». El ángel se elevó. Cuando ellos se pusieron en pie, ya no lo vieron. Entonces alabaron y cantaron a Dios, dándole gracias por la gran maravilla de habérseles aparecido un ángel de Dios (12,1-22).

Dayenú: porque has sido generoso con nosotros

En el comentario de san Ambrosio de Milán al libro de Tobías, el santo Padre de la Iglesia se sirve de este momento de revelación del libro en el que Rafael se da a conocer para reflexionar acerca del comportamiento que los cristianos debemos tener los unos con los otros. Y lo argumenta diciendo: «Porque no sabes si en él hay un ángel».

No cabe duda de que ni Tobías ni su padre Tobit sabían que aquel hombre al que conocían como Azarías y consideraban pariente lejano suyo fuera un ángel. No lo sabían. Sin embargo, su generosidad con él sobrepasa enormemente la lógica comercial y excede muy de lejos lo que podría considerarse una buena paga. El padre propone al hijo que le sea dada la mitad de los bienes con los que han llegado desde Media, y con ello lo convierten también a él –a Rafael– en coheredero de la gracia recibida. Es hermoso ver en los corazones de estos dos hombres un gesto de fraternidad desbordante con aquel que les ha traído tanto bien.

En el gesto excesivo de su generosidad se anticipa la bienaventuranza que anunciará Jesús a sus discípulos mucho tiempo después: «Vended vuestros bienes y dad limosna; haceos bolsas que no se estropeen, y un tesoro inagotable en el cielo, adonde no se acercan los ladrones ni roe la polilla. Porque donde está vuestro tesoro, allí estará también vuestro corazón» (Lc 12,33-34).

El corazón de Tobit está en su hijo Tobías; y el de Tobías, en su esposa Sara. Y todos ellos han encontrado en el amor de Dios providente y misericordioso un tesoro de valor incalculable. Han sido los episodios de sus vidas los que han puesto en valor la presencia de Dios y su acción gratuita. Y por aquello que ahora atesoran y pueden narrar en primera persona han subvertido los valores del mundo, donde las posesiones, las comodidades, las seguridades y el poder priman sobre todo lo demás. No será así nunca para quien ha gustado la gracia de Dios.

En nuestra vida van siendo muchos los signos que el Señor va urdiendo en la trama de la historia para que tengamos mucho que contar y más aún que atesorar; por eso nos sobra todo. Pero no porque hayamos aprendido a vivir con poco o hayamos entrenado estoicamente la voluntad para desprendernos de superficialidades que para el resto del mundo son esenciales. No somos héroes. El auténtico motivo por el que nuestra opción por la pobreza evangélica adquiere un sentido santificante es la fraternidad: Dios nos ha descubierto que hemos sido hechos hijos en el Hijo (Jn 1,12) y, por tanto, hermanos los unos de los otros, como enseña el Señor en el evangelio: «Todos vosotros sois hermanos» (cf. Mt 23,1-8). Poseer cualquier cosa en exclusividad constituye una afrenta al regalo de la fraternidad. Sobre todo, cuando uno se siente en posesión de la verdad absoluta, del criterio más acertado. Esta es, con seguridad, la posesión más perversa y perniciosa que uno puede atesorar, atentando contra la comunión. Y para eso no es preciso profesar votos religiosos, pues todo bautizado está llamado a vivir la autenticidad del desprendimiento y la generosidad en nombre del Señor. En el otro siempre hay un ángel, y cuando abro mi corazón a compartir mi vida con él lo estoy abriendo a un emisario de Dios que ha venido en su santo Nombre..., aunque en ocasiones sea difícil verlo.

Dayenú: el secreto del rey

Parece una frase algo críptica esta que dirige el ángel a sus amigos: «Es bueno guardar el secreto del rey» (12,7). ¿A qué se referirá? ¿Por qué añade enseguida que las acciones de Dios han de contarse? ¿No parece algo contradictorio?

El ángel está preparando el camino a sus amigos para no aturullarlos con la gran revelación que les va a hacer. El diálogo es rápido, pero genera un tiempo suficiente para que los hombres se vayan preparando, pues esta es precisamente la intención que persigue la primera recomendación de Rafael: «Es bueno guardar el secreto del rey». En Israel no hay más rey que Dios y todo le pertenece. Él revela a quien quiere y como quiere sus planes y conduce la historia con su providencia. Dios tiene sus tiempos y sus caminos. Es el rey.

El ángel hace caer en la cuenta a los hombres de que la revelación de Dios conlleva una gran responsabilidad también con los hermanos. No se puede exigir a todos que accedan al mismo saber o a la misma profundidad de fe o de experiencia mística. Para cada uno Dios tiene sus tiempos y no está en su naturaleza apresurar a nadie.

San Pablo lo explica a los cristianos de Corinto cuando les escribe en su primera carta:

> Tampoco yo, hermanos, pude hablaros como a espirituales, sino como a carnales, como a niños en Cristo. Por eso, en vez de alimento sólido os di a beber leche, pues todavía no estabais para más. Aunque tampoco lo estáis ahora, pues seguís siendo carnales. En efecto, mientras haya entre vosotros envidias y contiendas, ¿no seguís siendo carnales y os comportáis al modo humano? (1 Cor 3,1-3).

Incluso en nuestra vida comunitaria la vivencia de la fe y del encuentro con el Señor es particular e intransferible en cada uno de nosotros. Podemos compartir un carisma, una misión y hasta una espiritualidad. Todos esos rasgos nos ayudarán a tener unas señas de identidad que nos hagan ser familia. Sin embargo, como sucede en las familias carnales, los padres conocen y aman a sus hijos de forma distinta, porque cada uno de ellos es distinto.

Al vivir juntos, trabajar juntos y rezar juntos, no nos homogeneizamos los unos con los otros. ¡Qué hermoso es aprender a amarnos en la diversidad! ¡Qué don de la gracia cuando somos capaces de aceptarnos en las diferencias! ¡Qué dicha cuando atemperamos el corazón para seguir mirando al otro como hermano, aunque sea tan diferente de mí! Y eso, llevado al ámbito de la espiritualidad, nos compromete a respetar los tiempos de los demás, y a esperar que los demás respeten mis tiempos y mis encuentros personales con el Señor, que solamente él conoce, y que me reforzarán para ser su testigo en medio de mis hermanos por las acciones que ha hecho en mi favor, aunque no sepa explicar –o no deba hacerlo por *guardar el secreto del rey*– de donde brota mi alegría y mi fortaleza.

Por otra parte, a Tobit y Tobías el ángel les deja un encargo: «Poned por escrito todo lo que os ha sucedido» (12,20). Si los procesos de cada uno son absolutamente respetables, también lo es, y muy deseable, el testimonio de aquellos que han recibido un don especial. El ángel proclama escritura inspirada la historia acontecida a esta familia, y con ello ofrece un nuevo referente de fe para las generaciones venideras. Pues aquello que queda escrito permanece y se convierte en alimento espiritual para los que no tuvieron la dicha de ser protagonistas de la historia. Sin embargo, cuantos se acerquen a ella a lo largo de los siglos podrán aprovecharse de sus enseñanzas y nutrirse de los dones espirituales que aquí se encuentran.

En efecto, así funciona el testimonio. Una palabra, un gesto, una acción que se comparten y queda grabados en la mente y el corazón de quienes los reciben, tienen la capacidad de hacer brotar también en el otro un momento de gozo espiritual o una ocasión de solaz en tiempo de dificultad. Guardarse lo vivido es impropio del creyente que ha recibido una gracia. Si somos hijos de Dios, es para que vivamos como hermanos y, por lo mismo, como coherederos de una única gracia.

Dayenú: los consejos de Rafael

Antes de revelar definitivamente su identidad y causar una cierta conmoción en sus amigos, Rafael actúa como un auténtico maestro de sabiduría. Esto es algo a lo que ya nos tiene acostumbrados el libro de Tobías, y hemos presenciado en el hermoso testamento vital que Tobit legó a su hijo al enviarlo de viaje, cuando pensaba que su muerte estaba próxima (4,1-21).

Resulta muy revelador en este momento que el ángel actúe de este modo. Lo es por dos razones: en primer lugar, hemos de preguntarnos por el itinerario que realiza nuestra fe, es decir, cómo llegamos a adherirnos a Cristo Jesús de corazón y con decisión, cómo alcanzamos el convencimiento de que vale la pena vivir la vida tras sus huellas. La respuesta a estas preguntas está en el amor recibido de su gracia y en el camino por el que el Señor ha transitado manifestándonos ese amor. En otras palabras, cuando el ángel abre sus labios para ilustrar un modo de obrar concreto, se convierte en portador de vida que se regala, como hace el Señor en el desierto con su pueblo, legándoles la Ley divina como norma de vida y como posibilidad de alcanzar la santidad (Ex 19,4-6); y obra como Cristo Jesús en los años de su ministerio público, instruyendo a sus discípulos y testimoniando en su propia vida una forma de estar en el mundo. Las palabras del ángel son reveladoras porque orientan hacia Dios.

Esto me hace pensar muchas veces en el testimonio que estamos llamados a dar los religiosos en nuestro siglo, como nos ha exhortado san Juan Pablo II en *Vita consecrata,* ya desde 1996, o como nos había propuesto *Perfectae caritatis* en 1965 en la voz de san Pablo VI. Nuestros gestos han de ser un lucernario que ilumine senderos de santidad; nuestra palabra pronunciada y vivida debe ser una brújula que apunte siempre al horizonte, donde el sol nace de lo alto (Lc 1,78), y nuestras actitudes han de suscitar en el hombre de hoy una pregunta honda y sincera que los conmueva a descubrir la presencia de Dios en sus propios corazones. Eso sí, el ángel es una criatura celestial y actúa así obedeciendo al Padre eterno («He estado con vosotros no por mi propia iniciativa, sino por voluntad de Dios», dice Rafael (cf. Tob 12,18). Nosotros parece que no somos ángeles, pero tenemos la certeza de que no estamos solos en este empeño. Es hermoso el pensamiento de san Basilio Magno, Padre de la Iglesia, que dice: «Cada fiel tiene a su lado un ángel como protector y pastor para conducirlo a la vida».

En segundo lugar, la forma de hablar del ángel revela unas prácticas muy concretas. Hasta ahora hemos hablado de una forma genérica. El ángel, como antes había hecho Tobit con su hijo Tobías, propone cosas muy concretas y hasta cuantificables. Y eso es lo que nos lleva a la alegría, como escribió santa Teresa de Calcuta:

Anhelamos la alegría del cielo, donde está Dios. Está en nuestro poder estar ya ahora con él en el cielo, ser felices con él justo en este momento. Pero ser felices con él ahora quiere decir: ayudar como él ayuda, dar como él da, servir como él sirve, salvar como él salva. Estar veinticuatro horas a su lado, encontrarlo en sus disfraces más terribles. Porque él ha dicho: «Todo lo que hagáis al más pequeño me lo hacéis a mí».

Dayenú: postrados ante el misterio

Cuando finalmente el ángel se da a conocer, la reacción de Tobías y su padre Tobit es la misma de tantos otros que se encuentran en la presencia del misterio. Como hiciera Moisés en el desierto ante el prodigio de la zarza ardiente (Ex 3,6), el padre y el hijo se cubren el rostro y se postran en tierra. La presencia del misterio de Dios es sobrecogedora y hace brotar en el corazón del hombre temor y temblor ante lo santo. Saben del amor de Dios para con ellos, pero un corazón humilde se siente siempre indigno de presentarse en la presencia del Señor.

Dice san Pablo en la carta a los Gálatas (4,4-8):

Mas, cuando llegó la plenitud del tiempo, envió Dios a su Hijo, nacido de mujer, nacido bajo la Ley, para rescatar a los que estaban bajo la Ley, para que recibiéramos la adopción filial. Como sois hijos, Dios envió a nuestros corazones el Espíritu de su Hijo, que clama: *«¡Abbá,* Padre!»*.* Así que ya no eres esclavo, sino hijo; y si eres hijo, eres también heredero por voluntad de Dios. Pero en otro tiempo, cuando no conocíais a Dios, erais esclavos de seres que en realidad no son dioses.

La revelación del misterio produce un efecto liberador en la persona, porque Dios libera. Y esta liberación es también algo concreto, como lo son los caminos por los que seguir al Señor. Dios libera de los otros dioses, que son siempre la tendencia a poseer, al poder y al prestigio. Constantemente somos tentados a acaparar cosas que nos generen sensación de placidez o eso a lo que llaman «Estado del bienestar». Estamos tentados a querer que prevalezca nuestra voluntad por encima de la de los demás. Y nos tienta el deseo de ser reconocidos, aunque sea un poquito, por todo lo que hacemos bien. Algunas personas incluso divinizan estas tres tendencias convirtiéndolas en muchas adoraciones, es decir, que cada una de estas tres terribles tentaciones se manifiesta con infinidad de sutiles modos a los que muchos acaban adorando.

Cuando el ángel se revela ante Tobit y Tobías, les está concediendo una gracia más, un regalo fascinante de parte de Dios Padre, que viene a fortalecer su fe para que también ellos se conviertan en pilares de la fe de sus hermanos, pues les está revelando la presencia misteriosa de Dios de un modo que los exime de todo tipo de duda.

Uno de los pasajes espirituales que más me conmueve y me ayuda se encuentra en el Salmo 90, que rezamos todos los domingos por la noche en Completas. Allí proclamamos nuestra fe en el Señor y en el auxilio que nos hace fuertes ante cualquier tentación:

> Porque a sus ángeles ha dado órdenes
> para que te guarden en tus caminos.
> Te llevarán en sus palmas,
> para que tu pie no tropiece en la piedra;
> caminarás sobre áspides y víboras,
> pisotearás leones y dragones (Sal 90,11-13).

La experiencia de Tobit y Tobías es precisamente esta: reciben la fortaleza de parte de Dios a través de su ángel, de modo que sus pies no tropezarán en la piedra de la duda, ni de la tristeza, ni del desánimo, porque han contemplado la gloria del Señor. Sus pasos serán firmes y harán frente a cualquier tipo de amenaza, expresada en el salmo en las fieras, que simbolizan al maligno. Ya no tiene poder sobre ellos, porque el auténtico poder es el que Dios les ha hecho ver. A él la gloria y la alabanza por los siglos.

¡BENDITO SEA DIOS,
QUE VIVE ETERNAMENTE!
UN FINAL ABIERTO

Cada martes de la semana primera en el oficio de Laudes de la Liturgia de las Horas ponemos en nuestros labios y en nuestro corazón la primera parte del himno que Tobit eleva al Señor como colofón de toda esta historia de gracia que él y su familia han vivido. La segunda parte de este mismo himno nos la presenta la Liturgia de las Horas en el oficio de Laudes del viernes de la cuarta semana y en el común de la Dedicación de una Iglesia. Hoy nos vamos a acercar brevemente a esta joya de nuestra espiritualidad profundizando en su sentido y su significado.

Cuando oramos con los salmos o los cánticos que la liturgia ha recogido de la Sagrada Escritura, realizamos el ejercicio de prestarle voz a los que nos han precedido en la fe, a la par que ellos nos enriquecen revelándonos el modo en que el Señor ha obrado en sus vidas, que es la prefiguración del modo con el que actúa en las nuestras. Estas oraciones e himnos, por tanto, se convierten en patrimonio de todos los creyentes, y en cada voz adquieren una profundidad nueva y singular.

El segundo de los capítulo con que se cierra el libro, y por tanto su conclusión, relata las muertes de los personajes de la historia. Sin embargo, hay un mensaje que nos invita a pensar que se trata de un final abierto en el que el propio lector deberá involucrarse, formar parte de la historia y ser su continuador.

El texto:

Dijo Tobías: «Bendito sea Dios, que vive eternamente y cuyo reino dura por los siglos. Él azota y se compadece; hunde hasta el abismo y saca de él, y no hay quien escape de su mano. Dadle gracias, hijos de Israel, ante los gentiles, porque él nos dispersó entre ellos. Proclamad allí su grandeza, ensalzadlo ante todos los vivientes, que él es nuestro Dios y Señor, nuestro Padre por todos los siglos. Él nos azota por nuestros delitos, pero se compadecerá de nuevo y os congregará de entre las naciones por donde estáis dispersados. Si os volvéis a él de todo corazón y con toda el alma, siendo sinceros con él, él volverá a vosotros y no os ocultará su rostro. Veréis lo que hará con vosotros, le daréis gracias a boca llena. Bendeciréis al Señor de la justicia y ensalzaréis al rey de los siglos. Yo le doy gracias en mi cautiverio, anuncio su grandeza y su poder a un pueblo pecador. Convertíos, pecadores, obrad rectamente en su presencia: quizá os mostrará benevolencia y tendrá compasión. Ensalzaré a mi Dios, al Rey del cielo, y me alegraré de su grandeza. Que todos alaben al Señor y le den gracias en Jerusalén. Jerusalén, ciudad santa, él te castigó por las obras de tus hijos, pero volverá a apiadarse del pueblo justo. Da gracias al Señor como es debido y bendice al rey de los siglos: para que su Templo sea reconstruido con júbilo, para que él alegre en ti a todos los desterrados y ame en ti a todos los desgraciados, por los siglos de los siglos. Una luz esplendente iluminará a todas las regiones de la tierra. Vendrán a ti de lejos muchos pueblos. Y los habitantes del confín de la tierra vendrán a visitar al Señor, tu Dios, con ofrendas para el Rey del cielo. Generaciones sin fin cantarán vítores en tu recinto, y el nombre de la elegida durará para siempre. Malditos quienes te agravien, quienes te destruyan y abatan tus muros, arrasen tus torres y quemen tus casas. Pero benditos sean por siempre quienes trabajen por construirte. Saldrás entonces con júbilo al encuentro del pueblo justo, porque todos se reunirán para bendecir al Señor del mundo. Dichosos los que te aman, dichosos los que desean tu paz. Dichosos los que lloraron tus castigos: se alegrarán viendo tu gozo por siempre. Bendice, alma mía, al Señor, al Rey soberano, porque Jerusalén será reconstruida, y allí su Templo para siempre. Seré feliz si el resto de mi raza puede contemplar tu gloria y dar gracias al Rey del cielo. Las puertas de Jerusalén serán renovadas con zafiros y esmeraldas, y todos tus muros con piedras preciosas. Las torres de Jerusalén serán edificadas con oro, y sus baluartes con oro fino. El pavimento de sus plazas será de azabaches y piedras de Ofir. Las puertas de Jerusalén resonarán con cantos de júbilo, y todas sus casas aclamarán: «¡Aleluya! ¡Bendito sea el Dios de Israel!». Los bendecidos por él bendecirán su santo nombre por siempre jamás.

Así terminó Tobías su acción de gracias. Tobit murió en paz a la edad de ciento doce años y recibió honrosa sepultura en Nínive. Tenía sesenta y dos cuando quedó ciego y, después de recobrar la vista, vivió feliz, dando limosnas, alabando siempre a Dios y proclamando sus grandezas. Ya próxima su muerte, llamó a su hijo Tobías y le hizo estas recomendaciones: «Hijo, toma a tus hijos y huye sin tardar a Media. Estoy seguro de que se va a cumplir lo que dijo Dios por medio de Nahún contra Nínive. Sucederá todo lo que contra Asur y Nínive anunciaron los profetas enviados por Dios a Israel. No fallará ni una de sus palabras. Todo se cumplirá a su tiempo. En Media habrá más seguridad que en Asiria y Babilonia. Sé y mantengo que cuanto Dios ha dicho se cumplirá sin que falle una palabra. Nuestros hermanos que habitan en Israel serán dispersados y deportados de aquella buena tierra. Todo Israel quedará desierto. Desiertas quedarán Samaría y Jerusalén. El Templo de Dios, devastado por el fuego, permanecerá por un tiempo en ruinas. Pero Dios se apiadará una vez más de ellos y los devolverá a la tierra de Israel. Reconstruirán el Templo, pero no como el primero, no hasta que se cumpla el tiempo prefijado. Entonces volverán todos del destierro, edificarán una Jerusalén maravillosa y reconstruirán allí el Templo, como lo anunciaron los profetas de Israel. Todos los pueblos de la tierra se convertirán al verdadero temor de Dios; abandonarán a los ídolos, que los condujeron al error, y alabarán rectamente al Dios de los siglos. Todos los hijos de Israel que vivan entonces y hayan permanecido firmes en su fidelidad a Dios se reunirán para ir a Jerusalén, tomarán posesión de la tierra de Abrahán y en ella vivirán a salvo por siempre. Se alegrarán los que aman de verdad a Dios, mientras que los pecadores e injustos desaparecerán de la faz de la tierra. Ahora, hijos, os recomiendo que sirváis a Dios con lealtad y hagáis lo que le agrada. Mandad a vuestros hijos que practiquen la justicia y la limosna, que tengan presente a Dios y siempre lo alaben con sinceridad y con todas sus fuerzas. Y tú, hijo, sal de Nínive. No te quedes aquí. Cuando entierres a tu madre junto a mí, no pases ni una noche en esta tierra, porque veo que está llena de maldades y de cínica falsedad. Hijo, recuerda lo que Nadab hizo con Ajicar, que lo había criado: lo metió vivo en un sepulcro. Pero Dios cubrió de ignominia a Nadab ante su víctima, pues Ajicar fue liberado, mientras que el otro fue arrojado a las tinieblas eternas por haber intentado la muerte de Ajicar. Gracias a sus limosnas, Ajicar se libró de la trampa mortal que Nadab le había preparado, y fue Nadab quien cayó en ella y pereció. Ved, pues, hijos, adónde lleva la limosna y cómo la maldad lleva a la muerte. Pero ya las fuerzas me abandonan». Nada más tenderlo en el lecho expiró. Le dieron honrosa sepultura. Cuando murió su madre, Tobías la enterró al lado de su padre. Después marchó a Media con su mujer y se estableció en Ecbatana, en casa de su suegro Ragüel. Tobías cuidó afectuosamente a sus suegros, ya ancianos, y los enterró en Ecbatana de Media. Entonces unió la herencia de Ragüel a la de su padre Tobit. Murió Tobías, rodeado de respeto, a la edad de ciento diecisiete años. Vivió lo suficiente para conocer la destrucción de Nínive y la deportación de sus habitantes por Ciaxares a Media. Bendijo a Dios por el castigo de los ninivitas y asirios. Antes de morir pudo celebrar el destino de Nínive y alabó al Señor, Dios por los siglos de los siglos (13,1-18; 14,1-15).

Cuenta atrás número uno: ¡bendito sea Dios!

Con esta fórmula el pueblo de Israel en la diáspora eleva su oración a Dios y se identifica ante el resto de las naciones como «estirpe escogida, pueblo de su propiedad, nación santa» (1 Pe 2,9; Is 43,20-21; Ex 19,5-6; Ef 1,14). Una conciencia que se hace fuerte a lo largo de los siglos y que el cristianismo dota de un significado nuevo en Cristo resucitado por el don de su Santo Espíritu.

Tobit ve cumplidos sus años, y cuando toma conciencia de que su vida está a punto de ser rendida ante el que se la regaló por su misericordia, bendice a Dios como ha hecho a lo largo de toda la historia. No es casual que a lo largo del libro hayamos encontrado esta misma jaculatoria hasta en seis ocasiones, y en una séptima en este momento (3,11; 8,5.15-17; 9,6; 11,14). Para Israel no hay mayor bendición que la de reconocer la grandeza del Señor y poder poner en los labios la alabanza a su santo nombre. Así lo expresan en reiteradas ocasiones los salmos, como el Sal 144,1: «Bendito el Señor, mi Roca, que adiestra mis manos para el combate»; o el libro primero de las Crónicas (29,10): «Entonces David bendijo al

Señor ante toda la asamblea y dijo: "Bendito eres, Señor, Dios de nuestro padre Israel, por los siglos de los siglos"». También el libro del profeta Daniel, en 2,20, aclama diciendo: «Daniel alzó la voz y dijo: "Bendito sea el nombre de Dios por los siglos de los siglos, pues suyos son la sabiduría y el poder"».

La conciencia de Tobit es la misma conciencia que tiene la historia de la salvación: Dios es digno de toda bendición, y la misión del hombre en la tierra no puede ser otra que la de reconocer al Creador de cuanto es y cuanto existe. El culto adecuado del creyente –desde los tiempos de Tobit hasta los nuestros– encuentra su sentido en la alabanza, que es expresión de gracia, de júbilo y de gozo. Cuando en nuestra oración y en nuestras celebraciones prima más que ninguna otra cosa la súplica y el ruego, estamos descuidando lo más fundamental. No hay mayor tributo al Señor que darle gracias, y no hay acto de piedad más importante, profundo y auténtico que la eucaristía, que es ofrenda de alabanza, acción de gracias y reconocimiento profundo de la santidad de Dios, que actúa en nuestras vidas.

Orar debe ser sinónimo de bendecir y alabar. Celebrar debe ser sinónimo de glorificar y dar gracias al Señor. Así han de comenzar y concluirse todos nuestros momentos de encuentro con el Señor, aunque en ocasiones acudamos a él en la sequedad del dolor o en la nebulosa de las dudas.

En la misma plegaria, Tobit confiesa a Dios como Dios vivo y como Rey (13,4.7), recogiendo también la tradición que él mismo ha recibido. El libro de Daniel nos cuenta, en 14,5.25, al final ya del relato, el diálogo que el joven Daniel mantiene con el gran rey Ciro. El rey pregunta al muchacho por qué no adora a Bel (la divinidad persa a la que adora Ciro). Daniel responde: «Porque no venero ídolos hechos con las manos, sino al Dios vivo que ha creado el cielo y la tierra y tiene dominio sobre todo ser vivo». Al profeta, la astucia y la sagacidad le sirven para desenmascarar a sus adversarios y para dar a conocer al Dios vivo. Esta contemplación nos anima a nosotros también a poner nuestra esperanza en todo lo que apunta a la vida, porque solo así podremos convertirnos en mensajeros de su Palabra, y solamente así podremos invitar a otros a acercarse a Dios.

Si en nuestras comunidades no hay un derroche de vida, ¿quién podrá acercarse a ellas? Si no destilamos alegría, ¿quién querrá venir a vivir en nuestras casas o a formar parte de nuestros grupos parroquiales? O somos la gente de la alabanza y la bendición o nos iremos convirtiendo poco a poco en nada.

Cuenta atrás número dos: la profecía sobre Jerusalén

La segunda parte del himno tiene tintes proféticos. Habla sobre la toma de Judea, que aconteció en el año 586 a. C., unos ciento treinta y tres años después de que fuera deportado el norte, tiempo en que Tobit y su familia fueron llevados a Nínive. Ahora el anciano adquiere una clarividencia sobrenatural y anuncia lo que sucederá al resto de la nación que ha quedado en la tierra que Dios había dado a sus padres y sobre la destrucción de Nínive.

En efecto, Tobit, que había estado ciego, parece que ve con mayor claridad que los demás y es capaz incluso de vaticinar acontecimientos del futuro. Esta profecía se cumplirá incluso dentro del libro, cuando se nos narre la muerte de Tobías. Pero ¿por qué razón adquiere Tobit el don de profecía al final de su vida? Podríamos verlo simplemente como un don más que Dios quiere hacer a esta familia para que sea salvada de la devastación de Nínive. Sin embargo, si vamos al fondo, veremos que Tobit comprende las razones profundas de esta catástrofe. El Señor interviene, permite que los judíos regresen a Jerusalén, la reconstruyan y la habiten, edifiquen de nuevo el Templo del Señor, pero con mayor esplendor aún que aquel primero que había construido Salomón. Todo ello habla de una esperanza perenne en la espiritualidad judía y en la nuestra: la experiencia del exilio tiene fecha de caducidad. La voluntad de Dios para su pueblo no es que viva alejado y separado de él, sino «en los atrios de su casa». Por eso nuestra propia experiencia de Dios se tiñe siempre con ese colorido esperanzado con el que Dios nos va a reivindicar para traernos a sus puertas;

más aún, ni siquiera la muerte tiene la última palabra, porque Dios ha resucitado a su Hijo de entre los muertos, el primero de todos, para resucitarnos a todos con él.

Cuando nos vemos envueltos por el velo del pecado; cuando nos encontramos perdidos porque la vida nos ha echado encima una nube de tristeza o desesperanza; cuando el cansancio atenaza cada músculo del alma y la silencia para no entonar un aleluya, el Espíritu gime desde el interior del corazón con la certeza de que todo eso no es definitivo. No lo es: la gloria que Dios nos da es el colofón, porque es la meta a la que Dios nos ha prometido que llegaremos.

Cuenta atrás número tres: muerte de Tobit

Ciento doce años no es mala edad para morir. En los relatos bíblicos alcanzan esta edad hombres y mujeres santos que han servido al Señor con fidelidad y han atravesado dificultades y pruebas, pero han vencido porque se han confiado a él. Ahora Tobit es presentado como uno de ellos, digno sucesor de aquellos que le han orientado en su camino de santidad. Y como rúbrica de su perseverancia y su empeño, el narrador nos deja algunos datos acerca de los años que vivió y del tipo de vida que llevó. Es interesante apreciar que después del episodio de la ceguera aún vivió otra media vida, y esta totalmente entregada a dar limosnas, a bendecir a Dios y a hablar de sus acciones. Estas tres acciones resumen perfectamente el ideal de hombre piadoso y justo que se puede llegar a ser en la diáspora, viviendo un judaísmo nuevo, porque los judíos de Jerusalén son los que podrían ir al Templo del Señor a alabarlo conforme a lo prescrito por la Ley de Moisés, pero no en Nínive, donde el culto tiene que transformarse en algo sublime que sustituya adecuada y dignamente el culto del Templo.

Al contemplar esa figura santa nos damos cuenta de que no sirven las excusas. Tobit ha sido toda su vida un hombre piadoso y enormemente amante del Señor. ¡Qué menos querría que poder visitar su Templo! No perdamos de vista que, para un judío de su tiempo, la gloria de Dios habitaba en Jerusalén. Ellos la llaman *Shekiná* y está todavía presente allí, en la explanada que ahora ocupan los musulmanes y las mezquitas de Al-Aqsa y La Roca.

Tobit no se arredra, ni se viene abajo, ni se conforma. Su amor hacia el Señor es grande y genera en él un gran deseo de servirle y adorarle. La bendición que eleva a Dios se convierte en su día a día en actos de misericordia y lealtad y lo lleva a ser creativo. Aunque no puede hacer lo que los demás, aunque su circunstancia le impide seguir una tradición, no se acoge a excusas para no acercarse al Señor.

Así, nuestra experiencia de entrega al Señor en la misión que la Iglesia nos ha confiado a cada uno de nosotros está siempre llamada a ser original, creativa, transformadora y contemporánea con el tiempo, el lugar y la circunstancia que nos ha tocado vivir. Nada hay más importante que la bendición y la alabanza, los actos de misericordia y, en definitiva, el amor de Dios. Cómo lo hagamos será cosa del Espíritu Santo, si permitimos que se agite en nosotros.

Cuenta atrás número cuatro: muerte de Tobías

En sus últimas palabras, Tobit ha indicado a Tobías los pasos que debe dar. Después de dar digna y honrosa sepultura a sus padres, deberá abandonar el lugar y marchar con su nueva familia a un lugar mejor y más seguro para perpetuar su linaje y continuar dando gloria a Dios. Y Tobías, como no podíamos esperar de otro modo, obedece a su padre hasta el día de su muerte. Tobías murió a los ciento diecisiete años, cinco más que su padre. Según esto, llegó a aventajar en virtud a su padre y murió bendiciendo al Señor, el auténtico ideal de cualquier persona piadosa que ame al Señor.

La historia puede considerarse concluida con la muerte de Tobías. De su esposa y de sus hijos no se dice más que lo que Tobit ha mandado: «Mandad a vuestros hijos que practiquen la justicia y la limosna, que tengan presente a Dios y siempre lo alaben con sinceridad y con todas sus fuerzas» (14,8). Así que la historia continúa en su descendencia, en aquellos a los que ahora Tobías, como antes hiciera su padre, ha legado lo más importante, la alabanza a Dios, que se traduce en justicia y en caridad con los pobres.

Y un último detalle. El libro de Tobías contiene un deseo que Dios ha trasladado a su pueblo elegido como compromiso con él y con todas las naciones de la tierra: «Todos los pueblos de la tierra se convertirán al verdadero temor de Dios» (14,6). Este deseo universalista está presente en el judaísmo y lo hace suyo Jesús desde su propia concepción. Terminar con esta contemplación nos pone de pie y con las sandalias bien atadas porque nos envía por el mundo. Somos sus testigos, este es nuestro «ahora», en el que somos los depositarios del don de la gracia de un Dios que continúa su obra a través de sus colaboradores en cada generación, en cada rincón de la tierra y en cada corazón. Y no podemos desentendernos ni renunciar a ello, porque forma parte de nuestra propia naturaleza de hijos de Dios.

Este es el final de nuestro viaje con Tobías. Un final abierto. Acabamos de llegar a una meta y ya nos está diciendo la brújula del Espíritu que hay otro sendero que recorrer, uno en el que un ángel caminará con nosotros, en el que encontraremos sanación, liberación y abundancia en su santo nombre. Y llegados de nuevo a la meta bendeciremos al Señor del cielo en medio de los hermanos y daremos gloria a su amor por siempre.

ÍNDICE

1. El punto de partida: ¿quién soy
ante los ojos del Señor? 9
Clave primera: la identidad 11
Claves segunda y tercera: coordenadas
de tiempo y espacio 16

2. En tierra extranjera y hostil:
el empeño por la santidad 21
Primera parada: la verdad y la justicia 27
Segunda parada: limosna 29
Tercera parada: fidelidad a Jerusalén 31
Cuarta parada: diezmos y ofrendas
a huérfanos, viudas y prosélitos 33
Quinta parada: celebración pascual 35
Sexta parada: matrimonio con una mujer
israelita 37
Séptima parada: enterrar a los muertos 38

3. Incomprensión en la desgracia:
la ceguera como providencia 41
Primer aspecto: el Padre envía al Hijo
a buscar a un pobre 44
Segundo aspecto: Tobías encuentra
a un israelita estrangulado 47

Tercer aspecto: Pentecostés y un entierro 50

Cuarto aspecto: de la luz a la oscuridad 53

4. A Dios rogando y con el mazo dando:
no tentarás al Señor 57

Primera reflexión: vivimos en comunidad,
sufrimos en comunidad 58

Segunda reflexión: la experiencia
de la incomprensión 61

Tercera reflexión: fiel a los preceptos
del Señor, aunque no los pueda ver 64

Cuarta reflexión: el prisma con que
se mira: ¿quién tiene más luz? 68

5. Si el afligido invoca al Señor: la oración
que centra la vida 73

Primera mirada: la reacción tras el drama,
¡a rezar! 75

Segunda mirada: ¿por qué damos
por buena esta oración? 78

Tercera mirada: la conciencia de pueblo
en la que no hay individuo 81

Cuarta mirada: haz de mí lo que
tú quieras 83

6. Los caminos del Señor, los tiempos
del Señor. Salva Dios, y lo hace
a su modo 87

Primer detalle: el tiempo del hombre
no es el tiempo de Dios 90

Segundo detalle: el anhelo de fecundidad
de Sara 92
Tercer detalle: la oración de Sara 96

7. Lo que de verdad tiene valor:
los mandamientos de Tobit 101
Primer círculo: «Hijo, acuérdate del Señor
todos los días» (4,5) 105
Segundo círculo: «Y Dios no lo apartará
de ti» (4,7) 107
Tercer círculo: «Si sirves a Dios
en verdad» (4,14) 110
Cuarto círculo: «Alaba al Señor Dios
en todo tiempo» (4,19) 111

8. Las dudas de Tobías: ¿no será esta
una empresa que me supere? 115
Primera mirada: «Padre, haré todo lo que
me mandas» (5,1).. 116
Segunda mirada: las dudas del joven
que emprende un camino 121
Tercera mirada: ante las dudas del hijo,
la respuesta del padre 123

9. «He encontrado a un hombre».
La necesidad de referentes 127
Primera estación: el guía de Tobías,
¿aceptado o impuesto? 131
Segunda estación: aunque tú no lo sepas 134

Tercera estación: «Conozco todos
los caminos»(5,6) 137
Cuarta estación: «Voy a decírselo
a mi padre»(5,7) 139
Quinta estación: «Ten ánimo» (5,10) 144

10. UN PELIGRO MUY OPORTUNO 147
Primer detalle: el cansancio del viaje
empieza por los pies 148
Segundo detalle: ¿un pez grande
o un susto enorme? 150
Tercer detalle: gestiona tú tus propios
miedos 153
Cuarto detalle: ¿y qué tenemos
que hacer con el hígado y el corazón? 156

11. EL AMOR QUE SALVA 159
Primera parada: una iniciativa inesperada .. 161
Segunda parada: Tobías va madurando;
sus temores, también 163
Tercera parada: el saber total del ángel
del Señor 165
Cuarta parada: más allá de la superstición,
la oración que salva 167

12. «¡TEN ÁNIMO, HIJA!» (7,17) 171
Miramos la premura de Tobías 173
La simpática picardía del joven astuto 177
«¡Ten ánimo, hija!» (7,17) 179

13. La tumba y la confianza del hijo 183
  Primera mirada: Tobías se acuerda
    de los consejos de Rafael 185
  Segunda mirada: el bien vence al mal
    porque la fe vence la duda 189
  Tercera mirada: amén, amén 190
  Cuarta mirada: cavadores de tumbas 192

14. Engalanados para la boda 195
  Primera escena: las bodas y la nueva
    identidad de Tobías 198
  Segunda escena: la primera
    bajada del Tabor 202

15. El camino del hijo 205
  Primer detalle: adelantarse para preparar
    la casa 207
  Segundo detalle: «Ya te he visto, hijo.
    Ya puedo morir» (11,9) 210
  Tercer detalle: «Te veo, hijo, luz
    de mis ojos» (11,13) 213
  Cuarto detalle: «Entra, hija» (11,17) 217

16. Mantener el secreto del rey
  y publicar las obras de Dios 221
  Dayenú: porque has sido generoso
    con nosotros 224
  Dayenú: el secreto del rey 226
  Dayenú: los consejos de Rafael 229
  Dayenú: postrados ante el misterio 231

¡Bᴇɴᴅɪᴛᴏ sᴇᴀ Dɪᴏs, ǫᴜᴇ ᴠɪᴠᴇ ᴇᴛᴇʀɴᴀᴍᴇɴᴛᴇ!
Uɴ ꜰɪɴᴀʟ ᴀʙɪᴇʀᴛᴏ 235
    Cuenta atrás número uno:
       ¡bendito sea Dios! 240
    Cuenta atrás número dos: la profecía
       sobre Jerusalén 242
    Cuenta atrás número tres: muerte
       de Tobit 244
    Cuenta atrás número cuatro:
       muerte de Tobías 246

Las palabras y los días

1. *Abbá-Immá. Historia de Dios en la Biblia*, Xabier Pikaza
2. *Historias mínimas. Personajes secundarios de la Biblia*, Pedro Barrado
3. *El libro del Apocalipsis*, Ariel Álvarez Valdés
4. *El Cantar de los Cantares*, María Cristina Inogés Sanz
5. *Mujeres de la Biblia*, Nuria Calduch-Benages (coord.)
6. *La boda de Caná*, Alejandro Barrajón
7. *Las bienaventuranzas de los Salmos*, Óscar Olivares Pino
8. *«Y abriendo su boca les enseñaba diciendo...»*, Adolfo M. Castaño Fonseca
9. *Mujeres de los evangelios*, Nuria Calduch-Benages (coord.)
10. *Jesús y los esenios*, José Manuel Andueza Soteras
11. *Atraídos y expuestos. El discipulado en el evangelio de Juan*, Ignacio Rojas Gálvez
12. *San Pablo y las mujeres*, Nuria Calduch-Benages (coord.)
13. *¿Por qué eran tan atractivas las primeras comunidades cristianas?*, Francesc Ramis Darder
14. *La misericordia divina en su luz*, Luis Ángel Montes Peral
15. *¿Quién es este? Jesús de Nazaret sin discursos ni sermones*, Jorge Oesterheld
16. *Las mujeres como bendición a tres voces*, Óscar Olivares Pino
17. *Las mujeres del evangelio*, José Manuel Bernal Llorente
18. *Historias escondidas... y encontradas*, Carmen Yebra Rovira
19. *La muerte de Jesús en el evangelio de Juan*, Estela Aldave Medrano
20. *El Interestamento*, Jaime Vázquez Allegue
21. *Hemos visto su gloria*, José Manuel Hernández Carracedo